あなたが白人であることを誇りにしているように、私も黒人女性であることを誇りに思っている。

篠森ゆりこ

# ハリエット・タブマン

## 彼女の言葉でたどる生涯

法政大学出版局

ハリエット・タブマン　彼女の言葉でたどる生涯　目次

※ Larson, *Bound for the Promised Land* をもとに作成

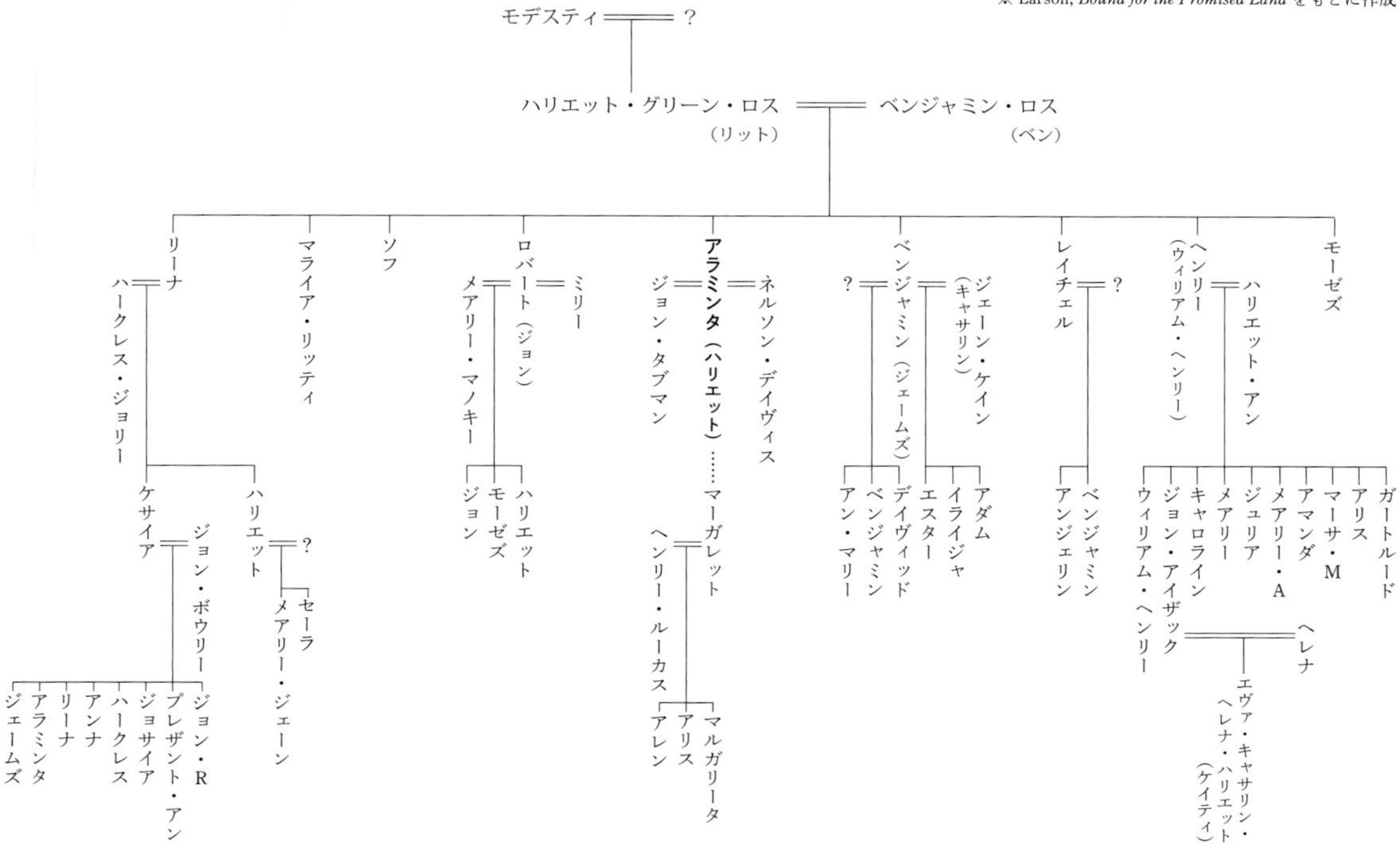


ハリエット・タブマンの家系図

メリーランド州ドーチェスター郡南部の地図

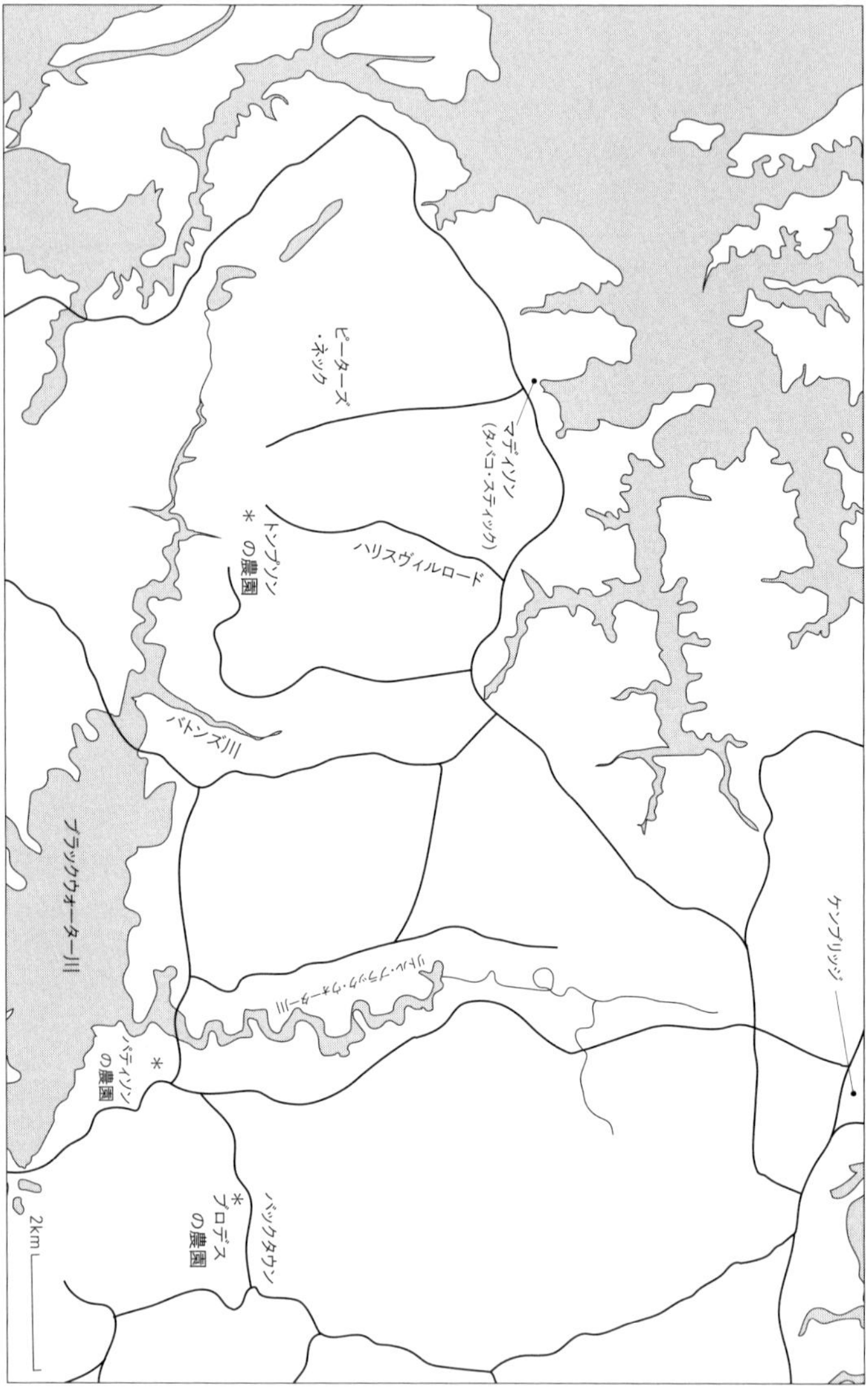

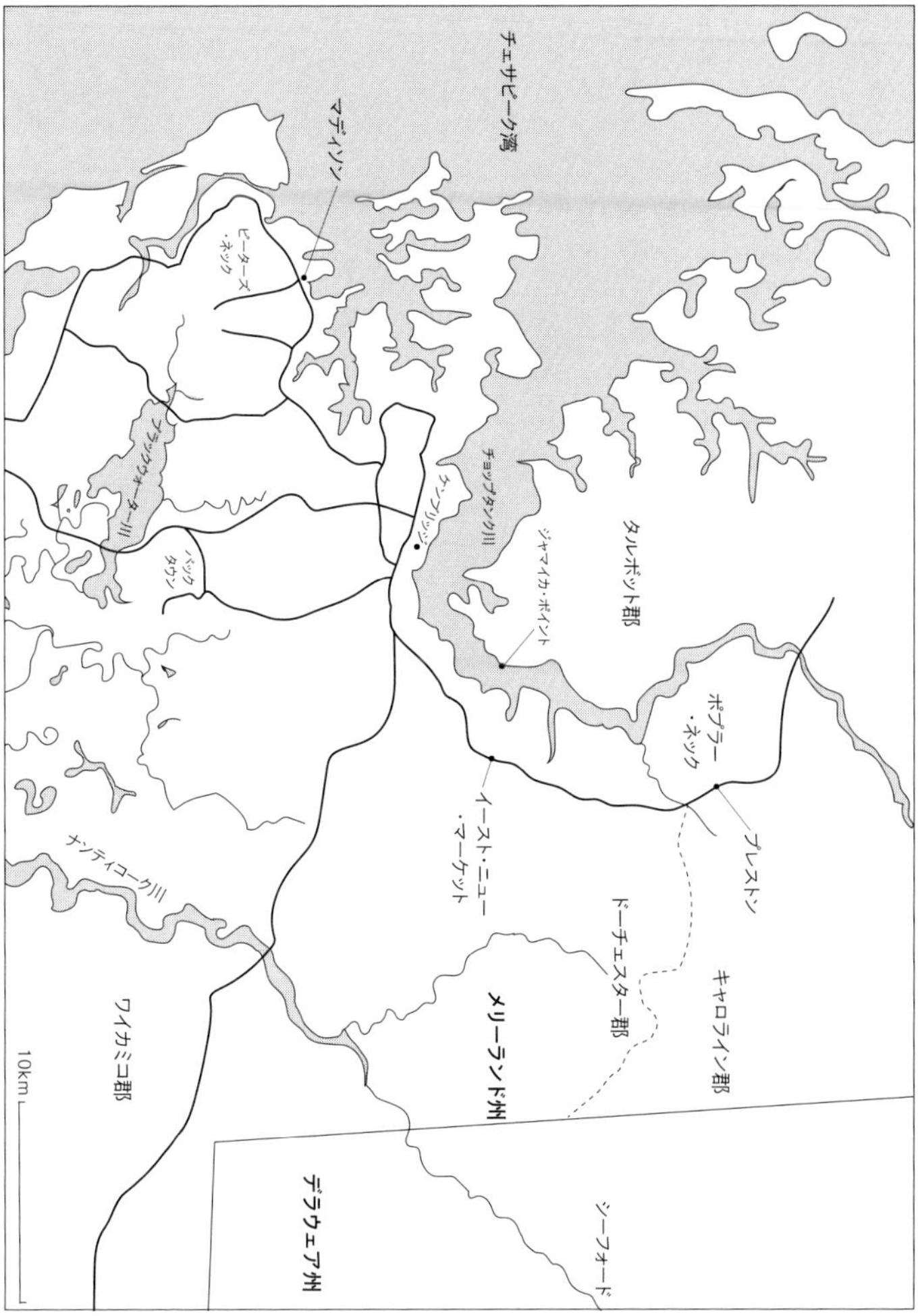


メリーランド州ドーチェスター郡周辺の地図

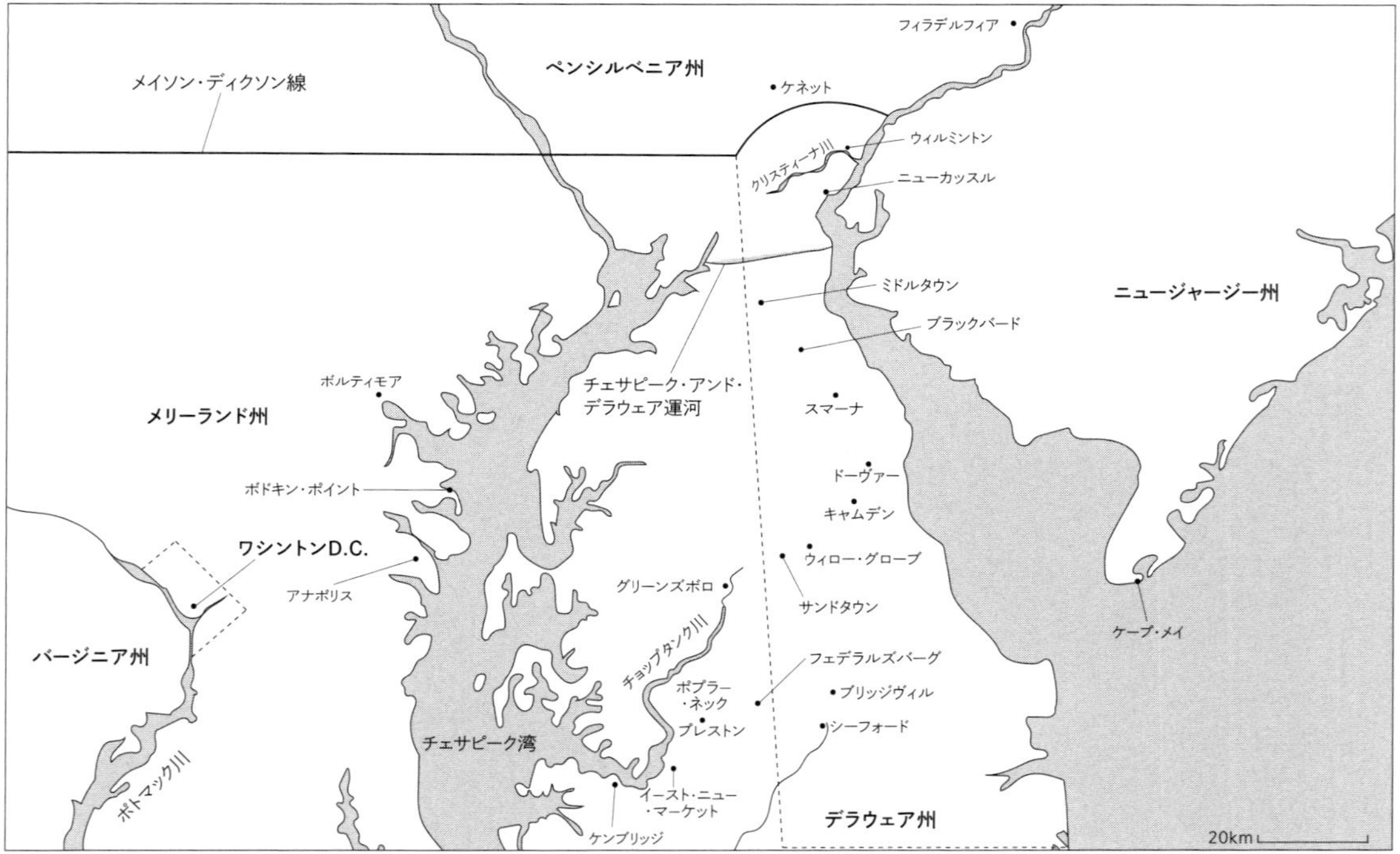

メイソン・ディクソン線
ペンシルベニア州
フィラデルフィア
ケネット
ウィルミントン
クリスティーナ川
ニューカッスル
ミドルタウン
ブラックバード
ニュージャージー州
チェサピーク・アンド・デラウェア運河
ボルティモア
メリーランド州
スマーナ
ドーヴァー
キャムデン
ボドキン・ポイント
ワシントンD.C.
アナポリス
ウィロー・グローブ
グリーンズボロ
サンドタウン
ケープ・メイ
バージニア州
チョップタンク川
フェデラルズバーグ
ポプラー・ネック
ブリッジヴィル
プレストン
シーフォード
チェサピーク湾
イースト・ニュー・マーケット
ポトマック川
ケンブリッジ
デラウェア州
20km

チェサピーク湾周辺の地図

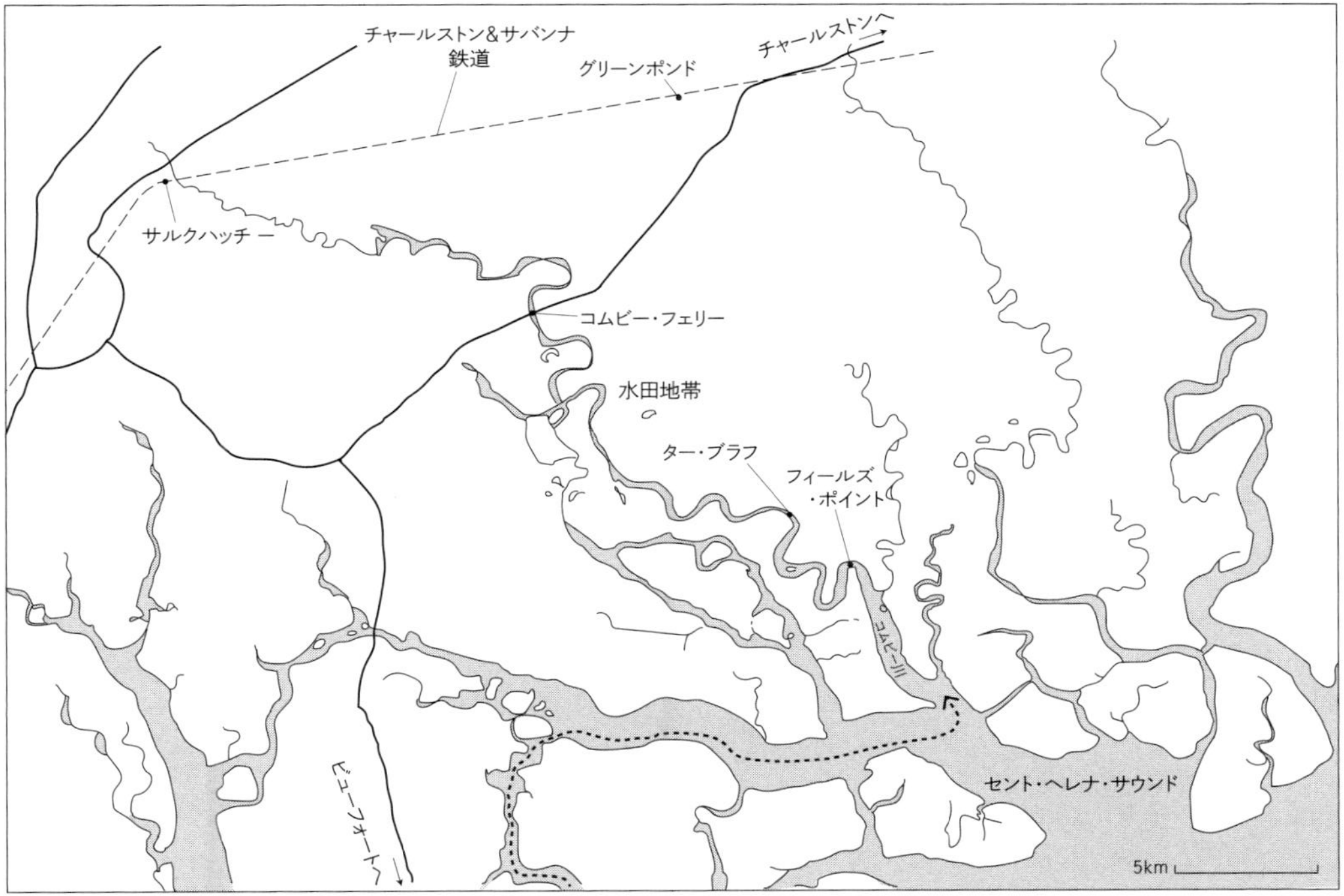
チャールストン&サバンナ
鉄道
グリーンポンド
チャールストンへ
サルクハッチー
コムビー・フェリー
水田地帯
ター・ブラフ
フィールズ
・ポイント
コムビー川
セント・ヘレナ・サウンド
ビューフォートへ
5km

コムビー川周辺の地図

# ハリエット・タブマン　彼女の言葉でたどる生涯

# はじめに

本書は一九世紀のアメリカで、命の危険をかえりみず多くの奴隷を南部の奴隷州から救い出し、北部の自由州やカナダへ導いた「黒人のモーセ」ことハリエット・タブマンの伝記である。

タブマンは黒人奴隷としてメリーランド州で生まれた。奴隷制を廃止した北部の自由州に一人で逃亡した後、地下鉄道という秘密組織の援助を受けながら、約一〇年にわたって南部の奴隷州にしばしば潜入し、赤ん坊を含む七〇人前後の奴隷を救い出して北部の州やカナダへ逃がした。南部では彼女の逮捕に高額の懸賞金がかけられていたとも言われている。

少女時代に頭を負傷したせいで、ナルコレプシーと思われる（突然強い眠気の発作が起こる）症状によく襲われたにもかかわらず一度も捕まったことはなかったし、彼女が導く逃亡奴隷が奪われて連れ戻されたこともなかった。さらに、奴隷を逃がした後で彼らの生活支援までしていたうえ、奴隷制廃止運動の集会で講演活動もおこなっていた。しかし奴隷所有者の資産を盗む犯罪者だった彼女は、どこにいようとつねに追われる身だった。

やがて南北戦争が始まると、タブマンは北軍のスパイや看護師として働くことになった。いちばん大きな仕事はコムビー川周辺地域の襲撃だ。このときは作戦の立案や実行にも参加して成功させ、結果的に周辺の農園にいた七〇〇人以上の奴隷を解放した。にもかかわらずほとんど報酬を受け取ることができず、死ぬまで貧しいままだった。

経済的に苦しい境遇にあっても、彼女は元奴隷たちの生活を支援し続けた。奴隷制がなくなってからは、有色人種の地位向上や女性参政権を求める集会などで講演をおこなっては寄付を募り、貧しい黒人たちや黒人学校への支援にあてたのである。そして普段は野菜を育てたり小さなレンガ工場を営んだり、家政婦や料理人の仕事をしたりして生計を立てながら、自宅に引き取った困窮者らの面倒をみていた。

老いてからは、貧しい黒人の高齢者や障がい者のための療養施設を設立する夢を抱いて奔走した。それはハリエット・タブマン・ホームとして一九〇八年に実現し、そのホームのベッドで親しい人々に見守られながら、一九一三年に亡くなった。生涯、文盲のままだった。

アフリカから連れてこられた先祖と違い、彼女は生きて奴隷解放の日に立ち会うことができたが、奴隷制が廃止されても人種差別との闘いは終わらず、一生を費やすことになってしまった。それでもいっさい憎しみを持たず、誰のことも恨んでいなかった。

ここまでを聞くと非の打ちどころがない偉人の姿が浮かんでくるけれども、身近な人にとっては決して特別な人間ではなかった。奴隷制廃止運動の仲間のある黒人は、タブマンのことをこう評している。「ごく普通の黒人らしい外見で、読み書きができず、地理もわからず、(病気のせいで)半分は寝ている」。

そんな持病のある野育ちの女性が、なぜここまで多くのことをなし遂げられたのか。もちろん彼女が聡明で機略に富み、慎重さと行動力を持ち合わせていたからだが、それだけではなかった。背後には人々の連帯の力があり、それによって彼女の生まれ持った能力が押し出され、最大限に生かされたのである。本書では地下鉄道という連帯の力にも目を向け、掘り下げていきたい。

彼女は語りが上手で人心掌握術にも長けた魅力的な人だったという。実際、彼女のもとには善意の人々が引き寄せられるように集まってきた。また、仲間の黒人たちからはモーセにたとえられていた。モーセというのは、旧約聖書の「出エジプト記」に登場する預言者のことだ。彼は、エジプトで奴隷にされていたイスラエルの民を解放してカナンの地へ導いたと言われる。これは黒人奴隷にとって希望の物語だった。タブマンは苦しむ人々に希望をもたらす人だったのである。

本書では、記録に残っている彼女自身の言葉をできるだけ紹介するよう努めた。その言葉を通じて彼女の存在を身近に感じながら一生をたどり、人物像を探っていきたい。そして、生まれつき背負った逆境に負けず、それを克服する生き方を見ていく。

奴隷だった彼女にとって、逃亡は抵抗と抗議の手段だった。自由州に逃げてから、タブマンはこう語っている。「私は誰にも顧みられない雑草のように育ちました——自由とは何かを知らず、それを経験したこともありません。……奴隷制は、地獄みたいなものです」。

タブマンはその人生を通じ、社会的抑圧をはねのけて自由を獲得する闘いだけではなく、一人の人間として自己の限界を超える闘いにも勝ったと言えるだろう。そんな彼女の人間的魅力と壮絶な生きざまは、死後一〇〇年以上たった現在でも多くの人々を惹きつけてやまない。

# 第1章　奴隷として育った子供時代

暖炉の前の床に寝ていたんですが、そこに横になると泣いてばかりいました。

## 黒人少女アラミンタの誕生とルーツ

奴隷として生まれた子供が、肌の色が黒いというだけで差別を受け、強制的に無償労働をさせられる自分の運命を最初に悟るのは、いつなのだろう。親が鞭打たれるところを見たときだろうか。白人への挨拶を忘れて殴られたときだろうか。

オランダの奴隷船がアフリカ人という「輸入品」を積んでアメリカに到着し、バージニア州ジェームズタウンで初めて売却したのは一六一九年のことである。だが、まだ法的には奴隷ではなく年季奉公人だった。年季奉公人の場合、年季期間が明けたら土地を与えられて解放される。ところが、やがて労働力を年季奉公人だけでまかなえなくなり、黒人奴隷制を制度化するための法整備が進められ、黒人を白人の年季奉公人と差別化して終身奴隷とする法律が制定された。その後、奴隷の女性から生まれた子供は奴隷とする規定がもうけられた。これは世代を越えて永続的に黒人を所有するためだが、白人男性と奴隷の女性の性交渉に対処するためでもあった。この法令によって、白人男性が奴隷を強姦して子供を作っても、それを隠して知らないふりをすることができたのである。

こうして、法によって生まれながらに奴隷とされてしまう世界に、ハリエット・タブマンは生まれてきた。メリーランド州ドーチェスター郡の奴隷夫婦の娘だった彼女は、アラミンタ・ロスという名で、ミンティと呼ばれた。生年月日は正確にはわかっていない。奴隷として生まれた人間の誕生日はたいてい不明である。基本的に奴隷は読み書きができないので記録を残せないうえ、戸籍がない。たとえ所有者による記録があったとしても、所有者がごまかしている場合もあるので信用できない。一八五二年に地元の裁判所が火災に見舞われ、その際大半の公的記録が焼失したことも、タブマンに関する調査をいっそう困難にしている。

本人は長い間、一八二五年の生まれではないかと考えていたが、死亡証明書には一八一五年生まれと記され、墓石には一八二〇年頃とある。しかし一八二二年三月一五日に、タブマンの母親の出産を助けた産婆に対して謝礼金二ドルが支払われた記録が残っており、この少し前に生まれたのがタブマンだと考えられている。もしそうなら、支払った農園主トンプソンの奴隷たちが暮らしていたピーターズ・ネック近辺で生まれたはずだ。それはメリーランド州ドーチェスター郡マディソン（当時はタバコ・スティック）から数キロ南にあたる。

この地域は、メリーランド州を南北に大きくえぐるチェサピーク湾の東岸にある。深い森とともに沼や川が多い平坦な湿地帯の一角だ。当時、この地域の奴隷所有者は一人あたり平均一一人の奴隷を所有していた。

彼女の父親の名前はベンジャミン・ロスで、ベンと呼ばれていた。母親の名前はハリエット・グリーン・ロスで、リット、リッティ、リティアなどと呼ばれていた。両親はどちらも奴隷だったが、所有者が異なる。

母親のリットは一生の間に何度も所有者が替わった。最初はアトウ・パティソンという農園主の奴隷だったのだが、彼の遺言によって一七九七年に孫娘のメアリー・パティソンに譲られた。メアリーはリットを受け継いだ三年後、奴隷たちを連れてジョゼフ・ブロデスに嫁いだが、まもなくその夫が幼い一人息子のエドワードを遺して亡くなったので、一八〇三年までに同じドーチェスター郡の農園主であるアンソニー・トンプソンと再婚している。そしてトンプソンが所有する奴隷の中に、ベンがいた。こうしてタブマンの両親は親しくなり、夫婦になったのである。

一八一〇年にメアリーは亡くなり、息子のエドワード・ブロデスがリットとその子供たちの所有者になった。ただしエドワードはまだ子供だったので、義理の父親であるトンプソンが代理で資産の管理や農園の運営を一〇年あまりおこなった。ハリエット・タブマンが誕生したのはこの期間である。

エドワードは成人すると、一八二四年にイライザことエリザベス・アン・キーンと結婚し、バックタウンで家庭を築いた。このとき、トンプソンの地所で暮らしていたリットと子供たちはベンから引き離され、バックタウンに引っ越している。その後、エドワードは四七歳の若さで亡くなったので、妻のイライザがリットと子供たちの主になり、彼女のもとからタブマンは逃亡した。

タブマンの母方の祖母モデスティは、一八世紀半ばに西アフリカから奴隷船で連れてこられた一世だ。タブマンがそう証言している。さらに、母親のリットはこの祖母と白人男性の間に生まれたとも発言しているが、その白人が誰かはわかっていない。そして、一八世紀のチェサピーク湾周辺における奴隷貿易の実態と、タブマンがアシャンティ族に伝わることわざ（〝川の深さを両脚で測るな〟）を知っていた事実から、祖父母の少なくとも一人は現在のガーナ出身ではないかと言われている。

タブマンは祖母か母親から、祖母のアフリカでの暮らしや奴隷船の旅についてなんらかの話を聞かされたことだろう。アフリカという自らのルーツは、きっと胸の奥に刻まれていたにちがいない。

父親のベンの両親や先祖については不明だが、少なくとも彼に白人の血は入っていない。ベンとリットの夫婦は多くの子供に恵まれた。子供は全部で九人生まれ、タブマンは五番目の子で、四女だ。夫妻は二人とも当時の黒人としてはかなり長生きをし、晩年はタブマンが用意した北部の家でともに暮らして、死ぬまで添い遂げた。

## 鞭打たれた子供時代

タブマンの人生で最初の記憶は、赤ん坊の彼女が揺りかごに寝かされているところだ。「そこへ、母が仕事をしているお屋敷から若いご婦人が二人やってきて、私を宙に浮かせては受け止めるんですよ。私はまだ歩けませんでした」と後に語っている。おそらくトンプソン家の白人女性たちが赤ん坊を見に来たのだ。寝かされていた揺りかごは、丸太の中身をすっかりくり抜いて筒状にしたものを縦半分に切って両端に板を張っただけの簡易なベッドだった。父親のベンが休日に作ったものか、黒人の集落で使い回されていたものだろう。

それから四、五歳の頃、小屋で幼い弟たちの面倒をみている記憶だ。赤ん坊の足をワンピースの裾の中に入れて袋の口をしぼるように持ち、頭を下にして振り回す遊びをやった。彼女はいたずら好きでやんちゃな女の子だったのだ。けれども幼い弟妹がさびしがるときには、豚の脂身を熱い炭の上で焼き、食べさせてあげるなどして世話を焼いた。

母親のリットは主に料理などを担当する家内奴隷として働いていて、夜遅くまで帰ってこないし、奴隷は一三、四歳にもなればほぼ大人と同じように働かされていたので、姉たちも同様に仕事に出かけていたはずだ。だからタブマンが四、五歳のときには、一人で弟妹の世話をしなければならなかった。

タブマンが幼い頃の思い出を語るとき、父親はあまり出てこない。一八二四年に別居状態にさせられてからも、母親のリットは夫との同居を望んでいただろうが、それは奴隷が決められることではなかった。仕事場が離れていれば、通い婚のようなかたちをとるしかない。だがブロデスの地所とトンプソンの地所の間は直線距離で一二、三キロ離れている。子供が小さいので父親のベンのほうが歩いていくことになるが、そうしょっちゅう会うわけにはいかなかっただろう。

ベンは材木の監督官をしており、伐採から運搬までを指揮していた。彼は優秀な働き手で、所有者のアンソニー・トンプソンから絶大な信頼を受けていた。そのため一八三六年には彼の遺言により、同僚のジェリー・マノキーとともに近隣の土地一〇エーカーの借地権を与えられ（ただし本人が死ぬまでの間）、その四年後には解放されて自由の身になった。一〇エーカーといえば甲子園球場よりやや広い面積なので、かなり大きな地所だ。そこにある木は伐採して売ってもよいというのである。これは特別待遇だ。

解放されても、ベンは妻子を置いて土地を離れることはせず、元の主人や近隣の雇い主のもとで働いた。実はトンプソンの死の翌年、トンプソン家の地所の一部をジョゼフ・スチュアートという農園主が購入していて、この地所にはベンに贈られた土地も含まれている。この件については後述する。

一八二五年、タブマンが三歳ぐらいのときに、姉の一人がミシシッピ州から来た奴隷商人に売られた記録がある。リットの次女マライア・リッティだ。この姉が売られていく様子は幼かったタブマンの記憶には残っていないが、母親が嘆き悲しむさまは目の当たりにしているはずだ。リットにとって、我が子を奪われて売られるのは初めてだった。後年、他の娘たちも売られていき、悲しみがさらに重なっていく。

奴隷の子供は小さいときから働かされるのが普通だった。きつい農作業は免除されても、水運び、薪集め、雑草むしり、害虫の捕殺、農具の片づけ、子守など、ありとあらゆる雑用をまかされた。タブマンも子守だけでなく、家事の手伝いや家庭菜園の世話など、いろいろな仕事を経験しながら成長しただろう。

そして六、七歳になると、所有者は彼女を他家へ働きに出した。子供を働かせて所有者が利益を得るのである。最初に行かされたのは近隣のジェームズ・クックの家だ。クックの家はバックタウンから四、五キロほど西にあるリトル・ブラックウォーター川の向こう側にあった。よその家で住みこみで働くにあたってまともな服がなかったので、エドワード・ブロデスの妻イライザが新たにあつらえた。そのよそゆきの服を着て、馬で迎えに来た男に連れられていった。

その家に着いたら女主人が牛乳を一杯くれたが、タブマンは好物なのにもかかわらず断った。「私たちがそこに着くと、皆テーブルについて夕食を食べていました。私は白人がいる家の中で食事をしたことがなかったので、彼らの前に立って口にものを入れるのが恥ずかしかったんです」と後に語っている。

この家で働くことになったのは、機織りを教わって技術を身につけるためでもあったが、それだけでなく近くの沼にしかけたマスクラットの罠を見に行く仕事も言いつかった。マスクラットは沼に生息する体長三〇センチほどのネズミの一種だ。当時、マスクラットなどの毛皮はこの地域の産業の一つで、冬期の毛皮が最も高品質とされて高値で売れた。けれども冬の冷たい水に浸かって作業をするのは子供にとってとてもつらい仕事である。

この仕事のせいで彼女ははしかにかかった。にもかかわらず、なおも沼に入らされた。そのため病状が深刻になって働けなくなり、ついに母親のもとに帰ることになった。ところが、治るとまたもとの家に戻されたのである。子供だったタブマンはホームシックになり、母親を恋しがった。「暖炉の前の床に寝ていたんですが、そこに横になると泣いてばかりいました」。彼女は雇い主の一家を嫌い、決して機織りを覚えようとしなかった。

その後、ミス・スーザンの家で働いたこともある。雇い主の女主人は既婚者だったがミス・スーザンと呼ばれていて、奴隷によく鞭を振り上げ、相手が子供だろうと容赦しない人だった。タブマンはそこで子守をすることになっていたのだが、まだ体が小さかったため、床に座らないと白人の赤ん坊の体を安定させることすら難しかった。

徐々に家に慣れてくると、彼女は子守だけでなく家事のいっさいをまかされるようになった。朝から晩まで家事をすれば疲れ切ってしまうのに、赤ん坊が夜泣きをしないよう、一晩中揺りかごを揺すり続けなければならない。赤ん坊が泣き出すと、ミス・スーザンは我が子をあやしにいくのではなく、まず奴隷の怠慢を罰するために鞭を手にした。ほかにも、掃除をしたはずの部屋の家具に埃が残っていた、というようなささいなことでも鞭を振るわれた。そのせいでタブマンの首から肩にかけてできた傷痕は、一生消えずに残った。

ミス・スーザンはかっとなりやすい人だったらしく、よく夫にも突っかかった。ある朝、夫婦喧嘩がまた始まったのを見て、タブマンはその隙にこっそり角砂糖を一つ盗んだ。ミス・スーザンはそれを見逃さなかった。彼女が鞭をつかむのを見たタブマンは、家の外にあわてて飛び出した。これが初めての逃亡である。

ずいぶん走ってから、ある農場の豚小屋に逃げこんだ。そして大きな豚の母親と子供たちがいる囲いの中で、餌を分けてもらいながら何日か隠れていた。けれども五日目になるとさすがに空腹になり、「ほかに行けるところはどこにもない」と観念して雇い主の家に戻った。そしておそらくこのとき、家の主人に罰として先端に結び目をつくった鞭で打たれた。肋骨が折れ、それが内臓を裂いたのか、倒れて働けない状態になり、ブロデス家に戻された。その脇腹の傷痕は隆起してこぶのようになり、いつまでも消えず、年をとってからも痛んだ。

タブマンの体は文字どおり傷だらけだった。タブマンはこんな証言をしている。ある雇い主の女性から毎日のように鞭打たれるので、あらかじめ厚手の布を体に巻きつけてから服を着るようにした。打たれたらわざと苦しげな声を出し、午後になったらこっそり布を剝ぎ取った。また、別の雇い主から罰を受けそうになったときには、すかさずその男性の膝に嚙みついた。すると以後、気性が荒すぎると敬遠され、放っておかれるようになった。つまり彼女なりに、身を守る方法を懸命に探っていたのだ。

以上のことを、現在なら小学校に通っているはずの少女が体験したのである。けれどもタブマンは、このような仕打ちをした白人たちをいつまでも恨まなかった。彼女は後に、友人のブラッドフォードにこう語っている。

「あの人たちにはわからなかったんですよ。そういうふうに育てられたんです。〝黒んぼに言うことをきかせろ、きかなければ鞭をくれてやれ〟って子供のうちから教わって、鞭を持たされて育てられたんです。ああ、でもね、どこの農園でもこうだったわけじゃないんですよ。いい主人や女主人だっていた。そんなふうに聞いたことがあります。でも、私はそういう人たちには出会いませんでした」。

奴隷の少女にとって、恐ろしいのは雇い主や奴隷監督や奴隷商人だけではなかった。外に出れば逃亡奴隷を捕らえる奴隷捕獲人とその猟犬がうろうろしていたし、誘拐犯もいた。自由黒人や逃亡奴隷や他家の奴隷を誘拐し、売り飛ばして生活している白人がいたのだ。黒人の子供たちは皆、悪魔のような人さらいに怯えながら育った。

最も悪名高い誘拐犯グループはキャノン家だ。警察の家宅捜索により、彼らの所有地で黒人たちが監禁されているのが見つかり、土に埋められていた箱からは子供三人を含む四人の人骨が発見された。この家は、タブマンが住む場所から五〇キロと離れていない。子供たちがふいに姿を消し、それをめぐって恐ろしい臆測が飛びかうような環境が、彼女を取り巻いていた。

## 当時の奴隷の暮らし

一九世紀の奴隷の生活とはどのようなものだったのだろうか。もちろん州や地域によって違いがあり、タブマンがいたメリーランド州は高南部（アッパーサウス）なので、深南部（ディープサウス）よりも比較的恵まれていたと考えられる。

奴隷は私有財産を持ったり、自分の意志で公的な活動に参加したり、自分の子供を保護したりする権利を正式には認められていなかった。また、黒人だけで頻繁に集会を開くことは禁じられ、所属する農園の外を移動する際には通行証を携帯していなければならなかった。

図１　サウスカロライナ州の奴隷一家とその小屋。1860 年代

奴隷は文字どおり、夜明けから日没まで働いた。農繁期には夜になってもなお働き続けることもあった。日曜日だけは休日とされ、猟や釣りをしたり、白人の牧師による説教を聞いたりした。森や洞穴で、夜間や休日だけにおこなわれる黒人だけの秘密の祈禱集会にひそかに参加することもあった。

成人女性だけは、一週間分の洗濯をするために日曜以外の日も農作業からはずされる場合があった。女性たちはそうした仕事のほかに、糸を紡いだり編み物や縫いものをしたりする。男性は夕方や日曜日には薪を集めたり、靴やかごや動物用の罠を作ったりした。小屋周りの菜園の世話、家具や小屋の修理といった仕事は男女問わずおこなった。

奴隷が住む家は粗末なもので、おおむね一室しかない丸太小屋が多かった。小屋には暖炉と煙突があり、暖房と料理に使われていたが、住人が作らないかぎり家具はほとんどなかった。人の出入りが見えやすいようにドアは農園主の屋敷に向けて作られることが多く、窓はないか、あってもとても小さく、ガラスは入っていなかった。床は地面がむきだしのままで、寝るときは藁などを置き、その上にシーツをのせて寝床にするか、ハンモックを吊す場合もあった。

着るものも粗末で、男性は夏にはズボンをはかず、膝まであるシャツを着るだけだった。女性も粗末なワンピースとペチコートだけだったが、白人の屋敷で身の回りの世話をする家内奴隷は別で、比較的いい服を着ていた。彼女たちが着るものは、来客に主人の経済力を示すものだったからだ。

子供時代に着ていた服についてタブマンが語ったところによれば、いつも着ていたのは一枚仕立てのワンピースで、それは「南京袋の底に頭を出す穴と、両隅に腕をとおす穴を開けたような」ものにすぎなかった。「冬でも下着は着たことがない」し、いつも服は一枚しかなかったので、それを洗濯するときは乾くまで裸でいた。また農園にもよるが、子供には靴が与えられないことが多かった。もちろん冬もである。

南京袋に穴を開けたような服だとすると、おそらく奴隷の子供の多くが着ていた、麻でできた直線裁ちの簡素なワンピースだろう。バージニア州に奴隷として生まれ、後にアメリカ黒人の指導者となったブッカー・T・ワシントンは、奴隷だった頃に着ていた服をこう回想している。

私がいた地方では、奴隷の衣料の一部に麻を使用するのが一般でした。私たちの衣料をつくる麻は、主として、滓《かす》の部分で、もちろん、いちばん安く、いちばん粗末な部分です。私は、多分、歯を抜くこと以外には、新品の麻のシャツを初めて着た時に起る拷問に匹敵するような拷問は、ちょっと、ほかに思い起せません。それは、仮りに一ダースかそれ以上の栗のいがとか、百本もの小さい針の先を肌と接触させていたら味わうような、そんな気分にほぼ近かったのです。

（『奴隷より立ち上りて』稲澤秀夫訳）

それを着るのが嫌なら、冬でも裸でいるしかなかったのである。

奴隷の子供は栄養不良や感染症などで死にやすく、一八五〇から六〇年にかけて、一〇歳まで生きた黒人の子供は三分の二に満たなかったという統計がある。南部の気候は子供たちをマラリア、コレラ、天然痘、黄熱病の危険にさらした。

生まれたての奴隷の赤ん坊が健やかに育つよう、所有者が配慮して何かすることはほとんどなかったし、面倒を見る母親たちの労働時間が減らされることもほとんどなかった。とくに秋の収穫期は忙しいため、子供は放置されることが多くなり、死ぬ危険が増した。

妊娠した女性が特別扱いを受けることもまれだった。妊娠と出産は労働者としての能力が落ちることを意味するため、奴隷監督だけでなく所有者や医者ですら出産間近であることを疑い、女性が仮病を使ってさぼっているとみなすことがよくあった。その一方で、資産となる奴隷が流産によって失われるのを避けるため、妊娠後期の女性の仕事を軽くする場合もあった。それでいて出産後の女性はすぐに仕事に戻らねばならないことが多く、したがって長時間放置される赤ん坊が死ぬ確率は高かった。

当時の奴隷の平均寿命は男女ともに三三歳前後だ。五〇歳を超える者は全体の一〇パーセントほどしかおらず、老人とみなされた。年をとると男女ともにきつい農作業からはずされ、男性は家畜の世話係や庭師や御者として使役され、女性は子守や乳しぼりや料理や機織りやアイロンなどの仕事をまかされた。

けれども彼らの故郷である西アフリカには年長者が敬われる伝統があり、たとえ年とともに労働力としての価値が下がっても、黒人の共同体の中では影響力や発言力を増した。とくに年輩の女性は助産婦や薬草医や呪術師や占い師としても活躍し、その癒しの力で指導的立場に立った。

わけても薬草の伝統的な知識が豊富な女性は広く尊敬を集めた。さらに、夢や不思議なできごとを超自然的な力によるお告げと解釈し、悩める者に精神的な導きを与えた。これは、薬草で感染症を治したり、夢で未来を暗示する映像を見たりしたという、後のタブマンの姿を彷彿とさせる。

大きな農場には農園主のほかに奴隷監督がいて、奴隷が反抗的な態度を見せたり怠けたりすれば罰を与えた。奴隷に対する懲罰として最もよく用いられたのは鞭打ちだ。だが、奴隷のほうもさまざまな抵抗をした。農具をわざと壊したり、放火をしたりした。自分の体の一部を切り落として奴隷としての価値を下げ、売られないようにすることもあった。

逃亡を試みる奴隷も少なくなかったが、ほとんどの奴隷は逃げても自ら戻ってきた。その場合、所有者は罰として鞭で打つか、あるいは体のどこかに焼き印を押したり、アキレス腱を切ったりすることもあった。

たまに、奴隷が集団で蜂起することもあった。一八三一年夏にはバージニア州でナット・ターナーの反乱が起きている。ターナー率いる武装した約七〇人の黒人の手で、二四時間以内に白人約六〇人が殺害された。結局軍に制圧され、これをきっかけに警戒を強めた白人は、奴隷取締法を強化した。首謀者のターナーは捕まって処刑されたが、彼は黒人の間で伝説の人物になった。

この反乱を周辺地域の誰もが聞き知っていたそうなので、おそらくタブマンもこの事件を耳にして、自分が不当に抑圧されていることを改めて意識しただろう。そして、彼らが命をかけた自由というものの価値について、考えを巡らせたのではないだろうか。

### 禁じられた読み書きの勉強

奴隷の読み書きが禁じられていなかった南米と違い、アメリカでは読み書きを覚えることが法律で禁じられていた。白人がそれを禁じていたのは、奴隷が新聞や本に触れて反抗的な思想を持つのを防ぐためだけではなかった。それよりもむしろ、通行証の偽造をさせないためだった。奴隷が使いに出るなど農園の外を移動するときは、所有者が署名した通行証を携帯する必要があり、なければ地域を巡回している白人たちに捕らえられることになっていた。逃亡を防ぐためである。

ただし、白人が奴隷に読み書きを教えたからといって罰せられることはなかった。実際には読み書きを覚えさせて帳簿をつけさせていた農園主もいた。あるいは、奴隷が自ら白人の子供や自由黒人にこっそり読み書きを教わることもあった。そのようにして文字を覚えた奴隷は、新聞や張り紙を読んで情報を仲間たちに伝えた。

タブマンはというと、少女の頃に白人の子供を学校へ送り迎えする仕事をしたことはあるけれども、彼女自身はいっさい教育を受けたことがなく、生涯にわたって読み書きができなかった。文字が読めなければ、北部で自由の身になってからも日常生活で困ることが多かったはずだ。手紙は代筆を頼む必要があったし、いつも誰かに新聞を読んでもらっていたし、時刻表が読めないので駅にはずいぶん早めに行ってずっと列車を待っていた。

実は南北戦争前、北部でタブマンに読み書きを教えようとしたアン・ホワイティングという白人女性がいたのだが、その試みは無駄骨に終わったという記録が残っている。タブマンほど聡明で記憶力のいい人なら、その気になれば覚えられないはずはないのだから不思議だ。実際、読み書きができない奴隷が大人になってから逃亡し、作家にまでなった例もある。タブマンは後年、黒人学校を援助したぐらいだから、勉強の大切さは知っていたはずだ。きっと貧しいために仕事が忙しすぎて、そんな余裕がなかったのだろう。

くわえて、文字に頼らないアフリカの文化を誇りにしていた可能性も捨て切れない。古来、アフリカには文字を持つ言語が少なく、人間の記憶力が非常に重要だった。たとえば西アフリカにはグリオという専門の語り部がいて、過去の事柄をことごとく頭に入れていた。口承文学や詩、部族の歴史や法や伝統などを大量に記憶にとどめ、必要があれば音楽にのせて語り聞かせるのだ。もしかしたらタブマンは、文字そのものをあまり重要なものと認識していなかったのかもしれない。ともあれ、なぜ覚えようとしなかったのか、本当のところは謎のままだ。

# 第2章　男並みの肉体労働と幻視

私を強くし、闘えるようにしてください、と神に祈っていました。

## 頭の負傷でナルコレプシーに

一一歳の頃には家内奴隷に向かないとみなされ、野外で農作業をさせられるようになっていた。タブマン自身、白人の家の中で窮屈な思いをするより、広々としたところで仲間や兄弟とともに汗を流すほうが好きだった。それに、重い樽を荷台に積みこむような、男性でもきつい力仕事までこなすうちに、弱いとみなされていた彼女の体は丈夫で頑健になっていった。

また、野外で大地と触れ合うことで、季節の移り変わりを肌に感じ、自然の美しさを愛するようになった。彼女が子供時代を過ごした土地はとても自然が豊かなところだ。小さいときにマスクラットの罠を見に行かされたブラックウォーター川周辺の地域は現在、野生生物保護区に指定されている。ここはバックタウンからも、ピーターズ・ネックの黒人集落からも、四、五キロずつしか離れていない。広い水場と森があるため生物の種類が多く、鳥類だけで八五種類以上が観察できる。

ガンやカモやコハクチョウなど、多くの水鳥が春になるとここから北へ渡っていき、秋になると戻ってきて越冬する。大型の白頭ワシもいて、春から夏にかけて巣を作って子育てをする。フクロウ、キツツキ、野生の七面鳥は一年中見られる。

川や沼の岸辺にはガマが群生し、夏にはあちこちでアメリカフヨウが咲き誇り、秋にはビデンスが満開になって、その頃、森の周辺で子鹿が生まれる。カワウソ、スカンク、オポッサム、アライグマ、キツネ、リスといった動物たちもいる。

川の水はわずかに塩分を含んでいるので魚の種類も多く、シマスズキ、ブラック・クラッピー、アメリカナマズ、カワカマス、パーチ類などが釣れるそうだ。ただし夏には蚊や蝿が大量に発生する。

そんな湿地帯ならではの自然のありさまや季節の変化を体で覚え、農作業にも慣れてきた頃、タブマンはある事件に遭遇して九死に一生を得る。正確な年や月日はわかっていないが、農繁期である初秋の、ある晩のことだった。

当時、タブマンはブロデス家の近くの農園に貸し出されて、亜麻の茎をたたいて柔らかくする作業をしていた。作業が終わってからバックタウンの雑貨屋に使いを頼まれたので、黒人の料理人と連れだって出かけていった。店に着くと、中でもめごとが起こっていた。ある奴隷が許可なしに仕事場を離れたので、奴隷監督が店まで追いかけてきたのだ。奴隷監督は店のカウンターにあった一キロ近い分銅を、逃げようとする奴隷に投げつけた。それは相手には当たらず、そのとき「入るのが恥ずかしくて」戸口の外側にいたタブマンの頭を直撃した。

頭蓋骨が陥没し、頭からかぶっていたショールが裂けて傷口に入った。タブマンはすぐに気を失い、血だらけになった彼女を人々が雇い主の農園まで運んだ。だが、ベッドはないので機織り用のベンチに横たえられ、そこで医者に診せられることもなく、翌日は一日中寝ていた。それから、ただちに農作業に戻された。「前が見えなくなるほど血と汗を流しながら」働いたのである。じきに衰弱して働けなくなったので、結局はブロデス家に返された。

この事件の顚末については、逃げた奴隷をかばおうとして立ちはだかったために怪我をしたとする説がよく見られるのだが、タブマン自身の説明によれば、偶然当たったのである。一八九七年にシーバートという地下鉄道の研究者が本人からこの事件について聞いたとき、頭のへこんだ部分に触らせてもらったそうだ。

事件があった頃は髪に櫛を入れたことがなく、縮れ毛が広がって大きな籠のようになっていたが、それが命を救ってくれたと彼女は回想している。そんなぼうぼうの髪が恥ずかしいので、隠すためにショールを頭からかぶっていた。そのショールと髪がともにクッションとなって、頭を守ってくれたのだ。

以後、タブマンは傷の後遺症でしばしば眠気の発作に突然襲われるようになる。そのとき何をしていても前触れなくふいに眠りこんでしまい、まもなくすると目が覚めてまた作業なり会話なりを続けるのだ。現代の医学でナルコレプシーと呼ばれる睡眠障害ではないかと考えられている。

タブマンと直接話をした人々の証言によると、たとえ眠ってしまっても、目が覚めて再開する会話の内容は筋がとおっていたという。それだけではない。いびきをかいて眠りこんでいるように見えても、寝ている間に何があったか知っていたというのだ。

こんな逸話も残っている。一日中荷車で堆肥を運んでから家に帰るとき、彼女は突然音楽が鳴り響くのを聞き、はっきりした映像を見た。それは一緒にいたほかの奴隷の声にときおり遮られながら続いた。それから目が覚めたとき、彼女は何と言われようと眠っていないと言い張った。

突然寝入ってしまう症状にともなって、夢や幻視で生々しい映像を見るようにもなった。本人はそんな発作が起こるとき、自分の「霊（spirit）」が体から脱け出して別の場所に行ってしまうのだと考えていた。それも、この俗世だけでなく霊の世界にあるどこかに。

そうした幻視はしばしば未来に起こるできごとを暗示するものでもあったため、これから起こることや遠くで起こったことを察知してそれを語り、周囲を驚かせるようになった。このような体験から、キリスト教の信者だった彼女はますます神の存在を信じるようになった。

## キリスト教の信仰

タブマンが生まれる一〇〇年ほど前の一七三〇年代から四〇年代にかけて、大覚醒と呼ばれるキリスト教の信仰復興運動が起こった。このなかで、プロテスタント系の牧師たちが従来とは異なる説教をおこなうようになった。神学の素養がなくても理解できる簡単な言葉を使い、身ぶり手ぶりを交えて感情に強く訴えかけたのだ。これが旧来の牧師たちから疎んじられて教会から締め出されたため、説教は野外の広場などでおこなわれるようになった。この説教の内容がわかりやすいことから、教育を受けていない黒人の中にも信徒になる者が現れた。

といってもまだ数は少なく、一九世紀初頭の時点でキリスト教徒はアメリカの黒人人口のせいぜい一〇%ほどにすぎない。白人が信じるキリスト教を受けつけず、アフリカの伝統的宗教を大切に守る者や無神論者になる者もいたし、イスラム教を信じ続ける者も少なくなかった。アフリカにはキリスト教よりも早くイスラム教が伝わっていたのである。

多くの黒人がキリスト教徒になったのは、一八〇〇年代から三〇年代にかけて第二次大覚醒が起こったときだ。牧師たちは教会がない開拓地など各地へ出かけていってキャンプ・ミーティング（野営天幕集会）を開き、情熱的な説教をおこなった。難解な教義は省いてやさしい言葉を使い、人間は社会的地位にかかわらず神の前に平等であり、悔い改めれば等しく魂の救済を受けられる、と説いた。

こうしたキャンプ・ミーティングをおこなうのは主にプレスビテリアン（長老）派、メソジスト派、バプテスト派だった。彼らは奴隷制に反対する立場をとり、説教の資格を黒人にも与えたので、社会的弱者である多くの黒人たちを惹きつけた。とくにメソジスト派とバプテスト派は南部で積極的に布教をおこない、そのキャンプ・ミーティングでは白人も黒人もともに歌をうたい、祈ったという。

タブマンが育ったチェサピーク湾東岸地域で初めてキャンプ・ミーティングがおこなわれたのは

一八〇五年のことで、これは大きな成功をおさめたそうだ。信心深いうえに行動的なタブマンは、このようなイベントが近くでおこなわれると聞いたらきっと出かけていっただろう。

この地域でおこなわれたキャンプ・ミーティングには、黒人女性説教師がいたという記録もある。もちろん当時は黒人であろうと白人であろうと女性は公の場で発言を許されないことが多かったが、黒人による説教の場合、扇動を疑う白人農園主たちから、女性のほうが警戒心を持たれにくいという事情があったようだ。一九世紀前半のメリーランド州で説教をしていた黒人女性には、ジルファ・エローやジャリーナ・リーがいた。タブマンは女性説教師の存在に驚き、大きな影響を受けたと思われる。

一方、大量の奴隷を組織的に働かせていた深南部の大農園では、奴隷を管理する方法としてキリスト教を利用していた。農園主は毎日曜日に奴隷たちを集め、奴隷専門の白人巡回牧師による宗教指導を受けさせた。それは新約聖書「エペソ人への手紙」六章の「主人に従いなさい」とか「快く仕えなさい」のような言葉を根拠に、所有者に素直に服従して勤勉に働けば救われる、と説くものだった。たとえ奴隷が宗教的儀式をおこなう集会を開きたくても、白人による許可を得て、しかもその監視のもとでなければならなかった。

奴隷たちはそれに対抗し、ハッシュ・ハーバーとかブラッシュ・アーバーなどと呼ばれる場で自分たちだけの秘密の祈禱集会を開いた。彼らは聖書の内容を、白人たちとは違う解釈でとらえていた。つまり、神の前では誰もが平等なのに、奴隷制はその教えを否定するものであるから、いずれ神の力で奴隷は解放される、と考えたのだ。とくに旧約聖書の「出エジプト記」には、抑圧されている者を神が必ず救い出すことが記されているとした。そうした考えは高南部の地域から売られてきた奴隷たちが、深南部の奴隷たちに伝えて広まった。

彼らは夜の森や洞穴などに毎週こっそりと集まり、声をそろえて歌をうたい、ともに祈りを捧げた。黒人霊歌はこのような場から発展した。黒人の説教には声の大きな抑揚や言葉の反復が見られ、聞く者にリズム感や音楽性を感じさせた。さらに参加者との間に呼びかけと応答（コール・アンド・レスポンス）がおこなわれることで、一体感が生まれた。

タブマンが敬虔なキリスト教徒になったのは、何よりも両親の影響が大きい。とくに父親のベンはとても信心深い人だった。カトリック教徒ではないが、金曜日と日曜日に断食をおこない、家族にもそうするよう勧めた。タブマンも実践していたと思われる。

北部に移動してからも彼女が断食を続けていたかは不明だが、一八九九年、年老いたタブマンに会ったアグネス・ギャリソンによれば、タブマンが金曜日の午前中に訪ねてきたとき、一二時まで断食だからと、軽食をとるのを辞退したという。

また、自由黒人になった父親のベンは一八四三年、病人か障がい者と思われる奴隷二人をトンプソン家から買い取るという慈悲深い行為をおこなっている。二人はマリア・ベイリーとアーロン・マノキーといい、価格はたった一〇ドルだった。生産性の低い奴隷を養うのは、所有者にとって負担なのだ。

ベンはその代金を、アンソニー・トンプソンの遺言によって与えられた一〇エーカーの土地の借地権で払った可能性がある。実はトンプソン家はこの数年前に、その土地を含む大きな地所をジョゼフ・スチュアートに売り払っていた。新しい地主は引き続きベンの借地権を認めていたかもしれないが、契約書にその旨は記載されていない。どちらにしても、いずれ彼らの圧力で権利を放棄せざるをえなくなるとベンは考えたのかもしれない。たとえ自由の身でも、黒人の立場は圧倒的に弱い。ベンはマリアとアーロンを、購入した当日に解放した。その後も彼は何かと二人の面倒を見た。

ブロデスの地所の近くには教会があったが、かつてスコットの教会と呼ばれていたそのユナイテッド・メソジスト教会にはエドワード・ブロデスが信徒団に名を連ねていたというから、白人も通っていたことになる。その場合、黒人は席を隔離されるため、タブマン一家は嫌がってあまり行かなかったかもしれない。

現在、バックタウンの雑貨屋がある交差点の南側に、もう一つ教会がある。バズル・メソジスト・エピスコパル教会だ。タブマンがいた頃には存在しなかった教会だが、その近辺の森で黒人のための祈禱集会がおこなわれていて、タブマンの一家も出席していたという言い伝えがある。

このような環境にあって、タブマンは牧師から説教を聞いたり、母親に聖書の物語を話してもらったりするうちに、聖書の言葉をそらんじるようになった。大人になってからも、日々の会話の中でしばしば聖書の言葉を引用していたというから、記憶力のよさがうかがい知れる。

彼女は所有者や雇い主から一緒に神の祈りを捧げるよう促されても、断ることが多かった。彼女は一人で祈るのを好んだ。「私を強くし、闘えるようにしてください、と神に祈っていました。私はいままでずっとそう祈ってきたんです」。彼女は後に、友人のエドナ・チェニーにそう語っている。

メリーランド州ドーチェスター郡は当時、メソジスト派が席巻していた。メソジスト派は基本的に奴隷制に反対の立場をとっていた。同郡にいたサミュエル・グリーン牧師は元奴隷の黒人で、奴隷制に反対して地下鉄道の活動をし、逃亡奴隷を導くタブマンにも協力したと思われる人物だが、彼もやはりメソジスト派だった。タブマンも最初からメソジスト派と関わりを持ち、それは生涯続くことになる。彼女の葬儀も同派の教会が主催した。

実は、ベンの所有者アンソニー・トンプソンの跡継ぎである長男アンソニー・C・トンプソンも、メソジスト派の牧師の資格を持っていた。それでタブマン一家はときどき彼の説教を聞かされるはめになった。しかしベンもリットも、彼は「説教するふりをしている」だけだとか、「羊の皮をかぶった狼」などとこきおろしていたという。牧師でありながら、平気で奴隷を売り飛ばしていたからかもしれない。トンプソン家のこの長男はあらゆる職種に手を広げた人で、農業にはあまり関心がなかったが、とくに木材業に力を入れていた。さらに医師でもあったのでドクター・トンプソンと呼ばれるようになり、その知識を生かして薬局も開いている。

## 木材を運んで得た体力と貯金と人脈

タブマンが頭を負傷してから仕事ができるほど回復するまでには長い時間がかかったし、その傷は一生消えなかった。すぐに眠りこむ彼女を、所有者のエドワード・ブロデスは役立たずと考え、なんとか売り払おうとしたのだが、傷ものになった奴隷にはもう買い手がつかなかった。エドワードは「（タブマンは）彼女の食事にかける塩ほどの値打ちもない」という言い方をしていた。

タブマンはようやく回復して働けるようになると、ジョン・T・スチュアートという木材業者に雇われた。彼は父親のベンをすでに雇っていたため、タブマンと兄弟たちも一緒に来るよう誘ったのだ。当時、スチュアート家の地所は現在のマディソン付近にあった。

父親のベンは、スチュアートの木材をボルティモアにある木材市場に運ぶ役目を果たしていた。熟練したベンの仕事だけで、スチュアートは一日五ドルもの収入を得ることがあったという。ちなみに一九世紀後半、大半の自由黒人の男性が稼ぐ月収は三〇ドル以下だった。

スチュアート家は何十年もかけて木材事業を成功させ、チェサピーク湾東岸地域の森を伐採してその製品を近くの大きな街で売りさばいていた。主要な伐採地と湾をつなぐ「スチュアートの運河」を一八三〇年代に完成させたおかげで、膨大な木材貨物を水路で運ぶことができたのである。また、ケンブリッジの近くに造船所も持っていた。

マディソンの南のピーターズ・ネックにある黒人集落に父親の小屋もあったので、タブマンはそこで一緒に暮らしたものと思われる。最初のうちは、スチュアート家の家内奴隷として家事をおこなっていた。「羽毛布団のベッドをたたいて懸命に働いていると思わせておいて、布団がふかふかになったら、その真ん中に体を投げ出したもんです」と、本人がそのときの様子を語っている。

その後、スチュアートが所有する店で働いた。といっても店で接客をするというより、波止場を往復して商品の運搬をおこなったり、風車で挽いた小麦を袋に詰めて運んだりする肉体労働だった。商品を詰めた大きな樽を持ち上げたり、重い荷を積んで水路に浮かべたボートを「雄牛のように」引いたりもした。

そのうちに、主に男性が担う木材業のきつい肉体労働までするようになった。父親のもとで仕事をするようになったのだ。突然眠りこむ症状はあいかわらずだったが、父親が監督ならば問題ない。身長は一五〇センチ余りしかなかったが、しだいに男性に劣らないほどの仕事をこなすようになった。この間にタブマンはますます体力をつけ、いっそう強靱になった。また、森の中で過ごすうちに星の位置や獣道の見分け方を覚えたり、食べられる野草や木の実を学んだりして、森で生きのびる知恵を身につけた。この体力や知識が後に、逃亡奴隷を導く旅で役立ったことは言うまでもない。

タブマンが奴隷として過ごしたメリーランド州チェサピーク湾東岸地域は、初期には主にタバコを栽培していたが、しだいにトウモロコシや小麦などの穀物や木材の生産に移行した。タバコ栽培を繰り返した結果、土地が疲弊していたし、フランス革命の影響によりヨーロッパの食糧事情が逼迫したため、穀物の需要が高くなっていたのだ。また造船業が盛んだった近隣のボルティモアで、大量の木材が求められていた。

この変化が、労働力である奴隷たちに大きく影響した。タバコの栽培は労働力を一年中必要とするのに対し、穀物の場合は播種期と収穫期しか必要としない。また木材業の仕事は木を伐り終えたら場所を移動することになるし、おおむね腕力のある男性だけを必要とする。また、穀物栽培で鋤を使うようになって、家畜も労働力として利用するようになった。

すると、多くの奴隷を一年中養い続けるよりも、自由黒人を必要なときだけ雇うほうが得であることに白人農園主たちは気づいた。そこで、綿作農場が増えて奴隷の価格が高騰している深南部に奴隷を売り払ったり、よその農園や家庭に奴隷を賃貸ししたりすることで収入を得る農園主が増えた。

そのため多くの奴隷の家庭が離散の危機にさらされることになった。家族の誰かが遠くに貸し出されて離れて暮らすことになったり、深南部に売られて二度と会えなくなったりする事態にしばしば陥ったからだ。メリーランド州では奴隷商人は「ジョージア商人」と呼ばれ、奴隷たちを怯えさせた。チェサピーク湾東岸地域は、奴隷という商品を彼らが探し求めに来る主要な場所になっていた。

じきに、この地域の農園主たちはアフリカとの奴隷貿易に異議を唱えるようになった。といっても奴隷制に反対していたわけではない。奴隷の数が過剰になるのを抑えて、自分の奴隷の価値を高く維持しようとしていただけだ。結局、国際的な奴隷貿易は英国で禁止されたのに続いて、アメリカでも一八〇八年に禁止された。このとき、その決定に強く反対したのは奴隷貿易で外貨を稼ぐアフリカの部族だったという。こうして国内で奴隷の売買をするしかなくなったため、奴隷の家族はますます引き離されやすくなった。

一方で、奴隷の賃貸しも広くおこなわれるようになっていた。手軽に借りられる賃貸奴隷が普及することによって、農村地帯では水路や道路や鉄道といったインフラ整備にその労働力が活用された。都市部の奴隷は工場や倉庫や炭鉱の仕事のほか、波止場の荷役や荷馬車による運送などの仕事もした。製造業で働けば、奴隷は熟練技術を身につけることができた。

奴隷の賃貸しは所有者と雇用者による取引だが、一部の奴隷たちはその交渉に積極的に関わったり、雇用者を自ら選んだりして、自分に有利に取引が成立するよう努めた。白人の間で、これでは所有者の支配力が弱まり奴隷制が崩壊すると懸念する声も上がったが、なにしろ貸す側にとっては収益率が高く、借りる側にとっては利便性に優れているため、賃貸しは増加を続けた。

タブマンが幼いうちから他家に働きに出されたことにはこうした背景があり、賃貸しの習慣が子供にまで及んでいたことを示している。ただし所有者にとって、奴隷を貸し出すことにはリスクがともなった。タブマンが最初の家で重病になったことからもわかるように、雇用者は自分の財産ではない奴隷をしばしば消耗品として扱い、食事をろくに与えなかったり、虐待して傷つけたりすることがあった。また、奴隷をあちこちに行き来させれば、その行動を把握しづらくなるし、奴隷が自由黒人と知り合って情報を得やすくなるため、逃亡につながりやすい。

タブマンもチェサピーク湾岸地域の仕事場を転々とするうちに知人が増え、多くの情報を仕入れて自らの逃亡に役立てた。とくに父親のもとで木材の仕事を手伝う際には、水路や河川で木材を運搬する行動範囲の広い黒人男性からあらゆる情報を入手することができた（父親のベンもはるかボルティモアまで出張することがあった）。彼らは船員や港湾労働者の自由黒人から耳にしたいろいろな情報を教えてくれた。たとえば北部の情勢、危険な場所や安全な場所、奴隷の逃亡を助けてくれる白人がいることなどについての、貴重な情報を。

## いつ売られるかわからない恐怖

タブマンが二〇歳ぐらいの頃、長姉のリーナが鎖につながれて州外に売られていった。それからしばらくして三番目の姉のソフも同じように売られていった。リーナを雇ったことがある人物の証言によれば、彼女は病弱だったのだが、四〇〇ドルの高額で買われたという。深南部は人手不足だったのである。

タブマンはその様子を目撃し、打ちのめされた。姉が故郷を最後に一目見ようと振り返ったとき、その顔に苦悶の表情が浮かんでいるのを見た。悲嘆にくれて泣きながら出ていく姉の姿が見えなくなるまで、タブマンは柵の上にのぼってずっと見送っていた。それから悲しみにうちひしがれる母親と、黙って絶望する父親の姿に向き合った。

リーナは娘二人を残していった。上の娘はケサイアといい、後に競売にかけられたとき、自らの夫とタブマンの手で救出されてカナダへ逃げ、たくさんの子を産み、育て上げた。

タブマンの姉たちがその後どうなったかについては、何もわかっていない。家族から突然奪われて売り飛ばされ、それきり再会はかなわなかった。両親をはじめ、残された家族の悲しみは想像を絶するが、奴隷制においては珍しくないできごとだった。

家族を奴隷売買で失うことは、死で喪うこと以上につらく、むごいことだったという。悲しみが終わることも、穏やかになっていくことも永遠にないからだ。ある逃亡奴隷は、南部で埋葬した子供のことは喜んでよく思い出すけれども、どこかへ売られた別の子供のことは考えるだけでも耐えられない、と語っている。

当時の奴隷制廃止運動のパンフレットで報告されていた事例だが、売られることが決まったある奴隷の女性は、子供と引き離されることがわかると、ただちに斧で自分の左手を切ってしまった。そうやって自らの奴隷としての価値を下げ、売買を成立させまいとしたのだ。彼女は売られずにすみ、子供とともに残されることになったという。

姉が三人売られた以上、次は自分かもしれない。タブマンはそんな不安を抱いただろう。この体験は彼女の心に深い傷を残した。そして後に、売られるぐらいならたとえ一人きりでも逃亡しようと決意させたのだから、その意味では彼女の人生を決定的に変えたできごとだったと言える。

ところが、次に目をつけられたのはタブマンではなく、末の弟モーゼズだった。奴隷商人が現れてモーゼズが売られそうになったとき、母親のリットは彼を森に隠して一ヶ月間出てこさせなかった。隠れ場所がばれそうになったら家の中に隠し、白人が家に入ろうとすると、最初に入った人間の頭をかち割ってやると怒鳴った。そのうちに奴隷商人はあきらめて立ち去り、モーゼズは売られずにすんだ。

後で所有者のエドワード・ブロデスはどういうわけか、隠してくれてよかったとリットに言った。もしかしたら白人である父親の威光によって、リットだけはある程度の自己主張ができたのかもしれない。彼女の父親はアトウ・パティソン、つまりエドワードの曾祖父だった可能性が高いのである。

タブマンはスチュアート家で五、六年働いた。彼女が一日に運ぶ木材の量は増えていき、肩を並べる男性がほとんどいなくなった。その怪力ぶりは誰もが舌を巻くほどで、雇い主のスチュアートは来客に仕事ぶりを見せて自慢していた。

この期間の途中で、彼女は所有者のエドワード・ブロデスと交渉し、一年分の賃金を先にブロデスに支払って、自分が選んだ雇い主のもとで働くシステムに変えた。そのためにドクター・トンプソンとも交渉し、代理人になってもらった。つまり、トンプソンがブロデスに前金を払い、タブマンの雇い主はトンプソンに報酬を支払い、トンプソンが報酬から前金を引いた残りをタブマンに支払うのだ。又貸しのようなものである。その前金は女性が五、六〇ドルのところ、男性は一〇〇から一五〇ドルといった差があったという。女性の賃金は男性の半分ほどしかなかったのだ。それでも彼女は貯金して、若い雄牛二頭を四〇ドルで買った。そして自分だけでなく牛も一緒に貸し出して、さらに稼いだ。

ベンの所有者だったアンソニー・トンプソンが亡くなった後、長男のドクター・トンプソンは一八四六年に隣の郡のポプラー・ネックと呼ばれる土地を二一〇〇エーカーも購入し、木材の伐採を始めるためにそこへ転居した。ベンも、手伝うために仕事場の近くに住むようになった。そしてタブマンは、ドクター・トンプソンのこの新しい地所に一八四七年から四九年まで暮らしていたと証言している。つまり、彼女はここから逃亡したことになる。

## 結婚、そして衝撃の事実

タブマンがポプラー・ネックに住む頃にはもう成人しており、夫がいた。夫はジョン・タブマンといい、彼女と同じドーチェスター郡で生まれ育ったという以外、経歴など詳しいことはわかっていないが、一八四四年頃に結婚したときには自由の身だった。地元の自由黒人は奴隷との絆を強く持ち、彼のように奴隷と結婚する者は決して珍しくなかった。

とはいえ、この地域の自由黒人の女性の数は男性の数を上回っていたというのに、それでも奴隷である彼女と結婚したのだから、かなり惹かれていたのだろう。奴隷の女性と結婚すれば生まれてくる子が奴隷にされることはわかっていたはずだが、それでも結婚したのだ。

親族の言い伝えでは、彼女のほうも夫のジョンにそうとう熱を上げていたそうだ。彼女が懸命に稼いで貯金していたのは、二人の間の子供を奴隷にしないためにも、できるだけ早く自分を買い取って自由になりたかったからかもしれない。

結婚して彼女の名前はハリエット・タブマンになったが、すでに結婚前にアラミンタ・ロスからハリエット・ロスに名前を変えていたようだ。「最初の夫であるジョン・タブマンと結婚する前の私の名前はハリエット・ロスでした」と、一八九四年の宣誓供述書に書かれている。母親の名前であるハリエットをそのままもらったのである。

新婚夫婦は最初、ポプラー・ネックではなくピーターズ・ネックでともに暮らした。二人が暮らした小屋がマディソンの南にあるマローンズ・メソジスト・エピスコパル教会の近くにあった、と地元で言い伝えられている。

奴隷に法律上の婚姻関係は認められていなかったが、結婚して子供を作ることは奨励されていた。子持ちになれば逃亡しづらくなるし、奴隷という資産が増えるからだ。かといって、奴隷が自由に好きな者と夫婦になれるわけではなかった。とくに男の奴隷は、別の場所で妻を探すのを禁じられることがあった。法律により、生まれた子供は夫ではなく妻の所有者のものになるからだ。

奴隷の市場では一〇代後半から二〇代前半の健康な者にいちばんよく買い手がつくのだが、女性が若いうちに子供を産めることを証明すると、有益だとみなされて売られずにすむこともよくあった。所有者にとって、奴隷の子供は商品または道具にすぎなかった。

白人農園主の中には、奴隷の女性を強姦して子供を生ませ、その子を売り飛ばす者すらいた。一八六〇年には奴隷人口の約一〇%が黒人女性と白人男性の混血の子供で、彼らはムラートと呼ばれた（国勢調査では厳密に、アフリカ人の血が八分の三から八分の五まで混じっている者をムラート、四分の一混じっている者をクワドルーン、八分の一以下の者はオクトルーンとされ、そのすべてが有色人種とされた）。

さてタブマンは結婚してしばらくたった頃、弁護士を五ドルで雇って自分と母親の身分を調べた。母親が法的には自由の身なのではないかと疑っていたのだ。そしてもし自分が生まれる前に母親が自由になっていれば、子供である自分も自由の身だ。彼女はきっと子供を持ちたいと考えたとき、我が子を奴隷にしたくないと切実に願ったのだろう。子供が奴隷であれば、いつ奪われて遠くに売られてしまうかわからない。

雇われた弁護士は、母親リットの最初の所有者であるアトウ・パティソンの遺言書を調べた。この人物はタブマンの祖母モデスティを所有していて、遺言でモデスティの娘リットを孫娘のメアリーに贈与した。その際、リットがメアリーの奴隷なのは四五歳までであり、その子供たちも四五歳になれば解放される、という但し書きがつけられていたことを弁護士は発見した。さらに補足として、リットが四五歳以降に産んだ子供は全員自由とされていた。

この時点ですでに、リットは四五歳を過ぎていただろう。しかしメアリーが一八一〇年に亡くなり、リットが我が子ともども息子のエドワード・ブロデスが相続する品目に入れられたとき、四五歳で解放される約束は無視されたのだった。そしてリットの娘三人は深南部に売られてしまったが、彼女たちは本来四五歳で解放されねばならないのだから、生涯奴隷の身にすることは明らかに違法行為だったことになる。しかも、タブマン自身は違うものの、きょうだいのうち何人かは生まれながらに自由だったかもしれないのだ。

当時はこのような期限付き奴隷制が広まっていた。奴隷が年老いて働けなくなったときに所有者が面倒を見なくてもいいようにするため、ある年齢になったら解放するという期限をもうけるのだ。

そこでメリーランド州は、四五歳を過ぎてから奴隷を解放することを禁止した。つまり、老いて働けなくなった奴隷の扶養を放棄してはならないことになったのである。したがってこの州では、所有者が奴隷を四五歳ぎりぎりで解放する例が多かった。

一方で、たとえ期限をもうけていても、体力がある年輩の奴隷の場合には、長く働かせるために所有者が年齢を若くごまかすこともしばしばあった。タブマンの父親のベンも、一七八〇年代に生まれたはずなのに、解放されたのは一八四〇年である。

とはいえ、黒人が解放されて自由の身になっても、奴隷とあまり変わらない暮らしを強いられた。白人男性に認められている選挙権、法廷での証言権、猟犬の所有権、銃器の携帯権といった数々の権利が認められていなかった。奴隷の逃亡が増えてくると、自由黒人でさえ移動の際に通行証を携帯することを要求された。

自力で生計を立てるのは容易ではなく、大半の黒人は非常に貧しかった。北部の都市部では、建設業や清掃業で働く自由黒人や、床屋や靴職人など技術を持つ自由黒人が増えていたが、南部においては農村部から都市部への移住は少なかった。奴隷のままでいる家族や親戚を見捨てられない者が多かったのだ。

農村部の自由黒人はおおむね、奴隷を所有する農園主のそばで生活して仕事をもらっていた。小作人として働く者はいても、自分の土地を得られる者はほとんどいなかった。タブマンの夫のジョンもそうした一人だった。

それでも奴隷でいるよりは自由の身でいるほうがいい。突然遠くへ売り飛ばされる心配がないからだ。タブマンは、母親が本当は自由の身だという真実を知って啞然とした。無関心による忘却だろうと意図的な詐欺だろうと、所有者によって母親もきょうだいも自由を不当に奪われたのだ。この裏切りに衝撃を受けたタブマンは、自分の身を買い取るのではなく、逃亡という手段で自由になることを現実的な選択肢として考えるようになったにちがいない。

その自由への旅の構想に、当初は夫のジョンも含まれていたはずだ。ところが、ジョンは自由黒人であるせいか、妻の命がけの逃亡に反対した。彼女はおおいに失望したにちがいない。もしかするとなかなか子供ができないせいで、ジョンの心は少しずつ離れていたのかもしれない。

# 第3章　自由の地を目指して

頭の中でこう考えていました。二つに一つしか得られない。自由か、死か。

## ついに逃亡を決意

一八四八年から四九年にかけての冬の間、タブマンは病気にかかってほとんど働けなかった。それでも、当時の雇い主であるドクター・トンプソンは父親のベンに働いてもらうためなのか、それを大目に見ていた。しかし所有者のエドワード・ブロデスは彼女を売りたいと考えていた。エドワードにはビジネスの才覚がなかったらしく収入は乏しかったが、ぜいたくな暮らしは続けていたので家の財政はつねに逼迫していたのだ。彼は奴隷商人を連れてきてタブマンを見せ、売却しようとした。

自由の地カナダへ向かって軽々と飛んでいくコハクチョウの群れを、タブマンはどんな思いで眺めただろう。彼女はエドワードの気持ちを変えられないなら、いっそ殺してくださいと神に祈った。三月の初旬のことだ。すると、彼はその月のうちに四七歳で亡くなった。これにはタブマン自身も驚いた。この件についてブラッドフォードが伝記に書いているので、ご紹介しよう。

……（タブマンは）いつも神がそばにいるのを感じていたようだし、「男が友と語らうように」神と語り合っていた。彼女の宗教生活は、決まった時間に朝晩の祈りを捧げるようなものではなかった。必要があれば神にそのことをただ話し、神が解決してくださると信じるのだった。

「それで」と彼女は私に語った。「クリスマスから三月まで寝こんでいたとき、ずっと哀れなご主人のために祈ってたんですよ。祈ることとしかしてなかったんじゃないかね。〝ああ神さま、ご主人を回心させてください〟〝ああ神さま、あの男の心を変えて、キリスト教徒にしてください〟ってね。でもその間中、あの人は男たちを連れてきて私を見せて、いくら渡すだの、いくらもらうだのと話し合いながらそこに立ってたんです。私にはただ〝ああ神さま、ご主人を回心させてください〟としか言えやしませんでした。それから、私が動けるようになりしだい、兄弟たちと一緒に鎖につながれて深南部へやられることになっていると聞きました。それで祈りをこう変えたんです。〝神さま、あの男の考えを変えてくださらないんなら、あの男を殺してください、神さま、どこかへやっちまえば、悪さはもうしないでしょう〟。そして次に耳に入ってきたのは、ご主人が死んだってことです。いかにもあの人らしく死んだんです。嫌な悪い男らしく。ああ、そのときは、自分のものなら世界じゅうの金銀だって差し出しましたよ。あの哀れな男を生き返らせるためなら。我が身だって何だって差し出したでしょう！　でもあの男は死んでしまった。もう祈ることはできませんでした」。

この長患いから回復したとき、彼女は罪悪感にかられ、深い信仰心に支配された。文字どおり「絶えず祈って」いた。「いつも神に語りかけてましたよ。飼い葉桶の前に行って両手で顔を洗うときは〝ああ神さま、私を洗ってください、浄めてください〟と言い、タオルを手に取って顔や手を拭くときは〝ああ神さま、お願いですから私の罪をすべてぬぐい去ってください！〟と叫んで、箒を持って掃き始めるときには〝ああ神さま、心の中の罪を何もかも掃き出してください、神さま、きれいさっぱりと〟とつぶやくんです。でも哀れなご主人のために祈ることは、もうできません」。

エドワード・ブロデスが三月に亡くなってから一ヶ月のうちに、彼の「奴隷以外の」私有物をすべて売却するよう裁判所から命令が下った。借金があったからだ。そこで妻のイライザは、三ヶ月もたたないうちに奴隷を何人か売る手続きをした。借金返済の必要があっただけでなく、子供八人のうちの何人かがまだ同居していたのである。

ところが七月になって、エドワード・ブロデスの母方のおじでありアトウ・パティソンの孫であるグーニー・クロウ・パティソンが、ブロデス家の遺産管理人ジョン・ミルズとイライザを告訴した。アトウ・パティソンの遺書に従えば、ブロデス家が持つリットとその子供たちの所有権が有効なのは四五歳以上になるまでであって、その後の処遇については触れられていないのだから、リットと彼女の四五歳以上の子供たちはパティソン家に返されるべきだというのである。ここで、タブマンが弁護士を雇って遺書を調べさせた経緯が思い出される。無教育の彼女がそんなことをしたのは、もしかするとパティソン家、あるいはトンプソン家から助言があったからかもしれない。

告訴されてもなおイライザは、ケサイアやハリエットを売ろうと試み、競売の広告を出している。ケサイアは州外に売られたリーナが残していった娘で、ハリエットはその妹だ。二人ともタブマンの姪にあたる。結局は訴訟のせいで裁判所に売却を止められたのだが、奴隷を売り払おうとするイライザの動きを知ってタブマンは動揺した。

そしてついにタブマンは逃亡を決意する。夫のジョンはあくまでも反対して彼女を引き止めるので、弟のベンジャミンとヘンリーとともに逃亡することにした。兄のロバートはというと、このときすでに三三歳になっていたので、賭けに出るには慎重になりすぎたのかもしれない。

タブマンと弟たちは、自由州といってもニュージャージーとペンシルベニアという名前を聞いたことがあるだけで、それがどこにあってどのように行けばいいのかすらろくに知らなかった。それでも一八四九年九月、彼らはとにかく出発した。タブマンは土曜日だったと証言している。

妙なことに、彼らの懸賞金付きの手配書が公開されたのは、一〇月に入ってからだ。よそに貸し出されていたため、所有者が彼らの逃亡を把握するのに時間がかかったのだろう。あるいは、奴隷は逃げてしばらくしてから戻ってくることも多かったので、単に待っていたとも考えられる。

実際に新聞に掲載された広告がこれだ。ハリーはヘンリーのことで、ベンはベンジャミンで、ミンテ

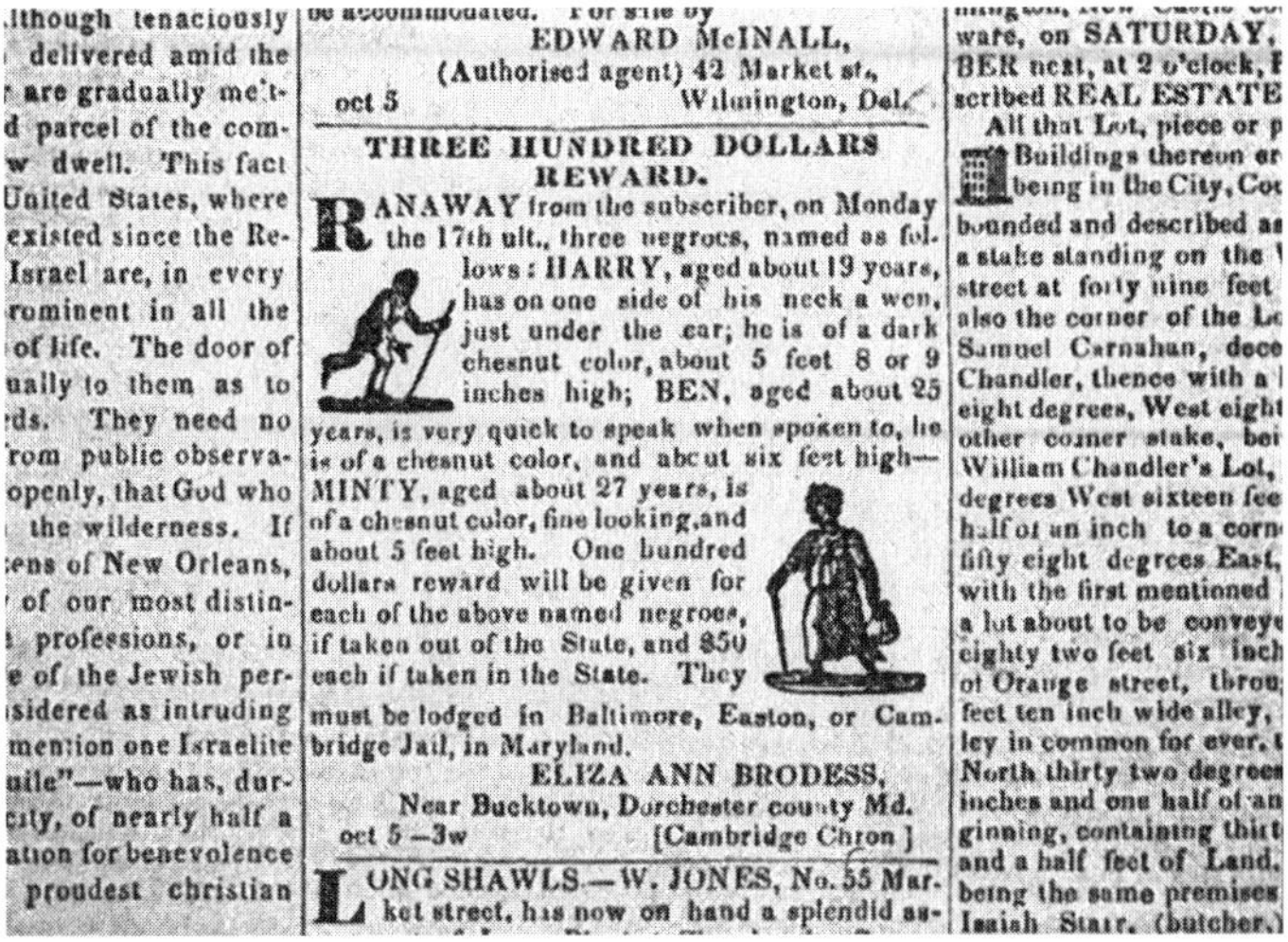
...lthough tenaciously
... delivered amid the
... are gradually melt-
...d parcel of the com-
...w dwell. This fact
United States, where
existed since the Re-
Israel are, in every
rominent in all the
of life. The door of
ually to them as to
...ds. They need no
...rom public observa-
openly, that God who
... the wilderness. If
...ens of New Orleans,
... of our most distin-
... professions, or in
...e of the Jewish per-
...sidered as intruding
mention one Israelite
...utile"—who has, dur-
...city, of nearly half a
...ation for benevolence
... proudest christian

be accommodated. For sale by
EDWARD McINALL,
(Authorised agent) 42 Market st.,
oct 5 Wilmington, Del.

THREE HUNDRED DOLLARS REWARD.

RANAWAY from the subscriber, on Monday the 17th ult., three negroes, named as follows: HARRY, aged about 19 years, has on one side of his neck a wen, just under the ear; he is of a dark chesnut color, about 5 feet 8 or 9 inches high; BEN, aged about 25 years, is very quick to speak when spoken to, he is of a chesnut color, and about six feet high—MINTY, aged about 27 years, is of a chesnut color, fine looking, and about 5 feet high. One hundred dollars reward will be given for each of the above named negroes, if taken out of the State, and $50 each if taken in the State. They must be lodged in Baltimore, Easton, or Cambridge Jail, in Maryland.

ELIZA ANN BRODESS,
Near Bucktown, Dorchester county Md.
oct 5—3w [Cambridge Chron]

LONG SHAWLS.—W. JONES, No. 55 Market street, has now on hand a splendid as-...

...mington, New Castle co...
ware, on SATURDAY, ...
BER next, at 2 o'clock, ...
scribed REAL ESTATE...
All that Lot, piece or p...
Buildings thereon er...
being in the City, Co...
bounded and described as...
a stake standing on the ...
street at forty nine feet ...
also the corner of the Lo...
Samuel Carnahan, dece...
Chandler, thence with a ...
eight degrees, West eight...
other corner stake, bei...
William Chandler's Lot, ...
degrees West sixteen fee...
half of an inch to a corn...
fifty eight degrees East, ...
with the first mentioned ...
a lot about to be convey...
eighty two feet six inch...
of Orange street, throu...
feet ten inch wide alley, ...
ley in common for ever, ...
North thirty two degrees...
inches and one half of an...
ginning, containing thirt...
and a half feet of Land, ...
being the same premises ...
Isaiah Starr, (butcher.)...

図2　新聞に掲載されたタブマンと兄弟たちの手配書。1849年

イはアラミンタ、つまりタブマンのことだ。逃亡した日付は誤りだと思われる。

賞金三〇〇ドル。一七日月曜日、次の三人の黒人が逃亡。ハリー、一九才ぐらい。首の片側だけ耳の真下にこぶ。肌は濃い栗色。身長約五フィート八、九インチ。ベン、二五才ぐらい。話しかけると早口で話す。肌は栗色。身長約六フィート。ミンティ、二七才ぐらい。肌は栗色。見た目よし。身長約五フィート。以上の黒人一人につき、州外から連れ戻した場合には一〇〇ドル、州内で捕らえた場合には五〇ドル支払う。メリーランド州のボルティモアかイーストンかケンブリッジの刑務所に留置のこと。

イライザ・アン・ブロデス。メリーランド州ドーチェスター郡バックタウン近郊

逃亡後しばらくして、三人の間で進む方角について意見が分かれ、恐怖に負けたベンジャミンとヘンリーはやっぱり戻ると言い出した。もし捕まれば罰として深南部に売られるか、ひどく鞭打たれるか、もっとつらい目に遭う可能性もある。深南部に売られるぐらいなら、州内で売られるほうがまだましだ。メリーランド州では、奴隷が地元の農園主に買ってくれるよう直接交渉することは珍しくなかった。しかもベンジャミンには妻子がいる。結局、弟たちはタブマンも連れて帰ってしまった。

南部にいた頃のタブマンは何年もの間、しばしば不穏な幻視を見ていた。馬に乗った男たちがやってきて、女や子供たちを引き離し、どこかへ連れ去るのが見えるのだ。悲鳴も聞こえた。

こちらに来るようにと白人女性に招かれる幻視も見た。畑や町や川や山の上を飛んで、「鳥のように」それらを見下ろす。そして最後には大きな柵か川にたどり着き、その上を飛び越えようとするのだが、「その力がないような感じがしてがっくりしていると、全身白い服に身を包んだ女性たちが向こう側に現れて、腕を差し出して越えさせようと引っ張ってくれる」。それは自由の地と奴隷制の地をへだてる境界だろう。境界の向こう側に、白人女性たちが彼女を迎えて世話をしようと待っている。これは明らかに自由への飛翔のイメージだ。

彼女は後に北部に行って、自分のいる場所が夢で見た場所なのを思い出したと断言している。また、彼女が友達になった多くの女性が、幻視の中で助けてくれた女性たちだったそうだ。アメリカ南部の黒人に伝わる民話に、奴隷が空を飛んでどこかへ行ってしまう物語があるのだが、彼女は子供の頃にそれを耳にしたことがあっただろうか。おそらくタブマンは、こうした幻視を神の啓示ととらえただろう。

## 一人きりで逃亡を決行

まもなくタブマンは一人きりでもう一度逃亡を試みる。実は、タブマンたち三人が逃亡した土曜日から二日後の月曜日、イライザがケサイアと子供たちを四五歳までという条件付きで売ると申請し、競売が許可されている。この情報が奴隷のタブマンの耳にすぐに入ってきたかどうかはわからないが、少なくとも次は自分が売られる可能性が高いことを彼女は察していた。

逃亡した日については諸説あり、ブラッドフォードの伝記は三人で逃亡した日の二日後としているが、一人きりで行くにあたってあれこれ準備をしているうちに一、二週間過ぎた可能性もある。夜の時間が長ければ長いほど有利なことを、タブマンは一度逃げた経験から知ったはずだし、そもそも三人で逃げてから戻るまでに、何日もたっていたかもしれない。

ちなみに、一八四九年九月の新月は一六日だった。三人で逃げた土曜日が一五日だとしたら、その夜は月光がほとんどないので闇が深く、それが不安をあおっただろう。そして次の満月は一〇月二日だ。もしかしたらタブマンはこの前後に出発したのかもしれない。暗さと明るさのどちらを有利と考えたかはわからないが、初めて歩く道が真っ暗闇では困るだろう。

彼女は逃亡計画を家族や仲間の誰にも話さなかったそうである。たしかに逃亡計画の内容や日付は言わなかっただろうが、逃亡すること自体は家族の誰かに相談したのではないか。何よりも家族を大切にしていたタブマンが、一生会えなくなる可能性があるのに誰にも話さずに出ていくというのはやや不自然だ。実際、前回は弟二人を連れていこうとした。

まず夫も来るように説得を試み、拒否されただろう。これが夫との今生の別れになったが、この時点ではそのつもりはなかった。あくまでも一時的な別居であって、北部に生活の基盤ができたら彼を呼ぶつもりでいた。続いて、父親のベンかきょうだいの誰かに話したのではないか。そしてほかの家族のこと、とくに母親のことを頼んでいったのではないか。

とにかく母親のリットにだけは内緒にしておかなければならなかった。もし話せば大騒ぎをして、秘密が漏れてしまうかもしれないからだ。そこで逃亡の晩、タブマンは母親の仕事を肩代わりし、早めに小屋に帰してあげた。それからトンプソンの屋敷のキッチンで働くメアリーという女性のところへ行って二人で外へ出たが、ちょうどドクター・トンプソンが馬に乗って現れたので、何も話せずに終わった。このメアリーは、友人の誰かのことかもしれないし、後に兄ロバートの妻となるメアリー・マノキーのことかもしれないし、ケサイアのことかもしれない。母親を売られ、今度は自らが売られそうになっている姪だ。ケサイアの別名はメアリー・アンなのである。

タブマンは別れの歌をうたいながら、ゆっくりその場から立ち去った。奴隷たちが互いに意思疎通をおこなうとき、歌はその手段としてよく利用された。奴隷は基本的に集会を禁じられているので、話し合いをしているところを見られてはならなかったからだ。歌の歌詞に出てくるのは聖書に書かれた神聖な旅やカナンの地のことなので、白人はさして気に留めないが、奴隷には言外の深い意味が伝わった。

たとえば、こんな歌だ。

あの古い馬車がやってきたら
私は去っていきます
約束の地に行くのです
友よ、私は去っていきます

友よ、あなたを残していってごめんなさい
さようなら！　ああ、さようなら！
でも朝には会いましょう
さようなら！　ああ、さようなら！

朝には会いましょう
あなたが約束の地にたどり着くときに
ヨルダン川の向こう岸にある地で
なぜなら私は約束の地に行くのです

タブマンは、黒人の仲間たちへの別れの挨拶としてこの歌をうたった。歌を耳にした仲間の中には彼女の意図を察した者がきっといて、その晩の黒人居住区では彼女の噂が飛びかっただろう。

彼女はしばらく歌をうたってから、メアリーのところへもう一度行こうとした。するとドクター・トンプソンがまだいて、タブマンをじっと見ていた。彼女はさらに声を張り上げて歌をうたい、彼に向かって深々とお辞儀をした。それでも彼は黙って見ているだけだった。タブマンはすでに一度逃亡したのだから、またやるとトンプソンは予想していただろう。このとき、実は勘づいていたのではないか。タブマンは彼が所有する奴隷ではないので、逃げたいなら逃げればいいと考えていたのかもしれない。

タブマンは事前に、逃亡に協力してくれる近隣の白人女性に相談していた。女性は二人の人物の名前が書かれた紙を渡し、一人目の家への行き方を教えてくれた。その人が次の人のところへ行けるように手を貸してくれるからと。タブマンは読み書きができないので、書いたものを持っていても意味はない。その紙は次の協力者に見せる証明書だったのだろう。つまり、地下鉄道の切符のようなものだ。

実はこの逃亡の顚末についてはは部分的にしかわかっておらず、タブマンの人生で最も謎が多い部分の一つだ。もしかしたらこの白人女性の家に立ち寄って紙をもらったのは、逃亡した当日の夜だったかもしれない。どちらにしても、紙に書かれていたのはおそらく隠語か暗号だっただろう。犯罪の共謀者の名前が書かれた紙を、捕まるかもしれない奴隷に渡して逃がすことはちょっと考えにくい。

女性学研究者のヒューームズは、タブマンが子供の頃から鞭打たれてきたにもかかわらず、後に北部で白人女性らと連帯し、友情をつちかった事実が、もしこのとき白人女性に救われたのであれば自然に理解できるとしている。タブマンはお礼に、自ら縫ったキルトのベッドカバーを彼女にプレゼントした。奴隷の逃亡に手を貸すのは法律違反であり、たとえ白人でも逮捕されれば重い罰を受ける。逮捕されなくても、疑いを持たれただけで白人の暴徒から襲撃を受ける可能性がある。タブマンはそれをじゅうぶん承知していた。

きっときつい労働や家事の合間に、時間をかけて縫い上げた作品だっただろう。けれども「奴隷には誰にもあげる勇気はありませんでした。持っているのを見つかったら問い詰められて、私の計画を知っていたことで罰を受けるでしょうからね」とタブマンは語っている。

後にモーセと呼ばれる人の人生を劇的に変え、自由の地へ送り出したこの女性は誰だったのか。タブマンはその名前を後年、友人のタトロックに話したというのだが、不運なことにタトロックは忘れてしまい、永遠にわからなくなった。

しかし何人かの歴史家によれば、これはハンナ・リヴァートンではないかという。タブマンが当時住んでいたポプラー・ネックから、プレストン郊外にあるリヴァートン家まではほんの五、六キロの距離だ。彼女の夫のジェイコブ・リヴァートンは奴隷制廃止運動家のクエーカー教徒だったが、この時点ではもう亡くなっていて、代わりに妻のハンナと息子のアーサーが逃亡奴隷の手助けを続けていた。皮肉にもこの年の一一月、ジェイコブとハンナの娘がドクター・トンプソンの息子と結婚している。

タブマンはいよいよ逃亡を開始した。夜の暗闇の中、杖を持って足元を確かめつつ、道なき道を選んで進んだ。教えてもらった家の特徴を、何度も頭の中で繰り返しながら。

逃亡奴隷は通常、昼間はどこかに身を隠して睡眠をとり、夜間に移動する。北極星や川の流れる方向や苔の生え方で方角を確認しつつ、道なき道を進むのだ。このあたりは川が多く、細い支流が縦横に流れているので、あたりに人の気配がないか確かめながら走って橋を渡り、何度かは浅瀬に入っただろう。

この地域にはスウィート・ガム（モミジバフウ）と呼ばれる木が多く生えており、その実はまきびしのように突起に覆われているので、素足で踏むととても痛いそうだ。タブマンは底の厚い靴を用意することができたのだろうか。夜の森は暗く、まだ毒蛇も冬眠に入っていなかったはずだ。それほど遠くまで一人きりで旅したことは一度もなかっただろうし、地図を見たことがないどころか、その存在さえ知らなかったかもしれない。しかも、いつ奴隷捕獲人に追われるかもしれない。彼らはたいてい猟犬を連れている。彼女は心の中で祈りながら、不安や恐怖と闘っただろう。

ついに目指していた家にたどり着いた。もしかしたら家の人が起き出す朝になるまで、どこかに隠れて仮眠しながら待っていたかもしれない。それからドアをノックして、出てきた女性に紙を見せた。すると女性に箒を渡され、庭を掃くように言われた。怪しまれないように、雇われた家政婦のふりをする必要があったのである。タブマンは何も訊かずに、ただ掃除をした。

夜になってから女性の夫が帰宅し、タブマンは荷馬車に乗せられて覆い隠され、彼の手で次の協力者のもとへ運ばれた。そしておそらく手前のどこかでこっそり降ろされた後、また暗闇の中を家まで歩いた。

その駅にたどり着いたら、ドアをノックして、もらった紙をまた見せて、また次の駅へ送られた。このようにして、東へ移動してからデラウェア州を北上し、ウィルミントンへ向かったと思われる。どこであれ、歩くときは一般の人々が行き交う道はできるだけ使わないようにした。途中で、デルマーヴァ半島の根元を分断するチェサピーク・アンド・デラウェア運河を渡らなければならないが、そこで働く自由黒人の中にはすすんで手を貸してくれる者がいたはずだ。もしくは東海岸から船に乗り、いったんニュージャージー州に渡った可能性もある。

ポプラー・ネックからデラウェア州ウィルミントンまでは直線距離でざっと一二〇キロ、そこから自由州であるペンシルベニア州との州境までさらに一〇キロ近くある。結局、彼女が自由の境界を越えるまでの逃亡の旅路は、直線距離で約一三〇キロだったことになる。日本で言えば東京から軽井沢あたりだろうか。実際には最終目的地のフィラデルフィアまで、さらに二〇キロ移動しなければならなかった。

長い旅を終えたタブマンは、どんなことを感じたのだろうか。売られる不安から脱け出した解放感、生まれて初めて知る自由の喜び、手を貸してくれた人々への感謝の思い、大仕事を終えた達成感など、いろいろな思いが一気に押し寄せ、しばらくは体を休めながら感慨にふけったことだろう。ブラッドフォードの伝記によれば、自由州への境界線を越えたとき、タブマンはこんな思いを抱いたそうだ。

「私は自分の両手を見たんです。まだ同じ人間なのかってね。すべてがなんとも美しく輝いていました。陽の光が木々や畑を黄金のように照らしていて、まるで天国にでもいるみたいでした」。

逃亡に成功したのは、彼女が賢くて用心深く、体力があったうえに地下鉄道の協力があったからだが、それだけではない。メリーランド州はよそにくらべて逃亡に有利な場所だった。自由州と接していたし、森があるので身を隠しやすく、沼や川が多かったので追っ手の猟犬を混乱させやすかった。州内には逃亡奴隷を助けてくれる白人のクエーカー教徒が比較的多かっただけでなく、自由黒人の数も多かった。

メリーランド州は他の州にくらべてとくに黒人の人口が増加したところだ。一八一〇年までに最も自由黒人の人口が多い州になっている。彼らは独立戦争のどさくさに紛れて逃亡した者、軍務に就いて解放された者、金を貯めて自己購入した者、農園主の遺言によって解放された者など、さまざまだった。たとえば同州のボルティモアでは、「有色人種のすべての自由人」を市長のもとに登録させる条例が成立し、黒人登録簿を作成していたぐらいだ。このボルティモアには大きな港と駅があったため、北部から最新の情報がつねに入ってきて、それが自由黒人を通じて奴隷に伝えられた点も、逃亡奴隷には有利だっただろう。

ゆえにこの州からの逃亡者は多かった。一八四九年六月から一八五〇年六月までの一年間に、メリーランド州から二七九名の奴隷が逃亡に成功しているが、これは他の州にくらべて群を抜いて多い数字だという。タブマンはこの中の一人だった。

不思議なことに彼女の二回目の逃亡では、一回目のときのような懸賞金付きの手配書が見つかっていない。前回出した手配書だけでじゅうぶんだと思ったか、またどうせ戻ってくるにちがいないと思ったのかもしれない。それとも、タブマンは所有者から本当に価値がないと思われていたのだろうか。

## 初めて味わう自由な空気と孤独感

逃亡奴隷となったタブマンが自由州で潜伏先に選んだのは、自由黒人や奴隷制廃止運動家が多く住むペンシルベニア州フィラデルフィアだった。この街は当時、奴隷制廃止運動の中心地だった。奴隷制に反対を表明しているクエーカー教徒が多く住んでおり、アメリカ奴隷制反対協会の本部もあった。

ここで、アメリカで奴隷制廃止運動が本格的に始まるまでのおおまかな流れをつかんでおきたい。長く続いてきた白人支配に対し、新大陸で黒人の抵抗運動が活発になるなか、まず蜂起したのはハイチの自由黒人だった。その背景にはフランス革命がある。一七八九年に始まったフランス革命にともない、すべての市民は法の下に平等とする人権宣言が出された。そして現在のハイチであるフランス領サンドマングで黒人による反乱が起こると、フランスは一七九四年、奴隷制廃止を決議した。そして一八〇四年には初の黒人共和国ハイチが誕生した。

これを皮切りに、中南米諸国で相次いで奴隷制が廃止された。一八二四年、エルサルバドル、グアテマラ、ホンジュラス、ニカラグア、コスタリカが結集した中央アメリカ連邦共和国が奴隷制を廃止した。一八二九年、メキシコが奴隷制廃止の政令を発し、五〇年代に入るとコロンビア、アルゼンチン、ベネズエラ、ペルーが相次いで奴隷を解放した。英国領で黒人の反乱が頻発していた英国も、一八三三年には奴隷制を廃止した。

アメリカでも、一七九一年から一八一〇年までの間に南部で起こった暴動や放火など四〇以上の奴隷の反抗の記録が残っている。そのうちに、ベンジャミン・フランクリンやジョン・アダムズやトマス・ペインなど、社会的影響力が強い人物の中にも奴隷制に異議を唱える者が現れた。さらに、第二次大覚醒と呼ばれるキリスト教の信仰復興運動により、奴隷の売買や所有は神の掟に背く行為だという意識が信者の間に広がった。

やがて、奴隷は即時解放されるべきだと主張する人々が結束し、北部で行動を起こし始めた。こうして一八三三年、フィラデルフィアで奴隷制即時廃止を訴える全国組織、アメリカ奴隷制反対協会が設立されたのである。

この組織の中心的な人物はウィリアム・ロイド・ギャリソンやタッパン兄弟だが、彼らのような急進的な奴隷制廃止運動家《アボリショニスト》たちは、白人であってもつねに反対勢力から攻撃されていた。たとえばジョージア州議会はギャリソンの逮捕に五〇〇〇ドルの懸賞金を出すことを決議したし、一八三七年にはイリノイ州で奴隷制廃止運動の新聞を発行していたイライジャ・P・ラヴジョイが白人暴徒に殺された。アメリカ北東部や中西部は南部と活発な商取引をおこなっていたので、実際には南部だけでなく北部の人々が享受する豊かさも奴隷労働と結びついていた。奴隷制廃止運動への拒否反応には経済的理由があった。

タブマンが初めて奴隷制廃止運動にじかに接したのは、フィラデルフィアでウィリアム・スティルに会ったときだろう。スティルはアメリカ奴隷制反対協会の黒人職員であり、デラウェア州ウィルミントンに住むトーマス・ギャレットやペンシルベニア州の他の地域の協力者から送られてくる逃亡奴隷たちを迎えて援助していた。タブマンはウィルミントンで、初めてギャレットにも会ったかもしれない。

スティルがいるフィラデルフィアのオフィスは逃亡奴隷を迎えるほかに、彼らの生活に役立つ福祉事務所や情報センターの役割も兼ねていた。スティルはここで一八五二年から逃亡奴隷の聞き取り調査をおこなっていて、南北戦争後にその内容を一冊の本にまとめて出版した（*The Underground Railroad* 未邦訳）。タブマンは南部から奴隷を救出した際、しばしば逃亡奴隷たちとともにこのオフィスに身を寄せている。

彼女はしばらくたってから、この地でルクリーシア・モットにも会っただろう。モットは一七九三年生まれのクエーカー教徒の白人女性であり、フィラデルフィア女性奴隷制反対協会を設立した人だ。綿製品や砂糖など、奴隷の手で作られた商品の不買運動をしたこともある。この頃、女性の奴隷制廃止運動家が数多く現れ、活動を始めていた。とはいえ当時は、女性が政治へ関与する姿勢を見せただけでも革命的なことだった。女性が公の場で発言すること自体、許されないことが多かった。

図3　ウィリアム・スティルを描いた木版画。1872 年

つまり、アメリカで女性が政治参加の最初の一歩を踏み出す舞台となったのは、奴隷制廃止運動だったのである。その先駆者の一人であるルクリーシア・モットから、タブマンは思想的に大き

図4　ルクリーシア・モット。撮影年不明

な影響を受けた。モットは女性参政権獲得のためにも闘っていて、タブマンが逃亡する一年ほど前には、女性の権利獲得を目指す初めての大きな会議を、スタントンらとともにニューヨーク州で開催している（セネカ・フォールズ会議）。

タブマンは後にモットのことを「ほかに誰もいないときに力になってくれた」人だと語っている。二人はこの後、生涯にわたる友情を育んでいく。

こうして一〇年ほどかけて、タブマンは奴隷制廃止運動の著名な活動家たちと次々に知り合い、結果的に当時のアメリカを代表する知識人たちとつながりを持つようになるのだ。

タブマンの目に、初めて見るフィラデルフィアの自由な空気はさぞ新鮮に映ったにちがいない。フィラデルフィア周辺は黒人の人口密度が比較的高い地域であり、多くの自由黒人が独自の組織を作って精力的に活動していた。労働者のための相互共済組合や保険協会などがいくつもあったし、黒人のための公立学校は八つもあった。

タブマンは、住むなら逃亡奴隷を助けてくれる人たちが多い場所がよかったのだろう。というより、まず住むところや仕事を見つけなければならないのだから、支援者がいるところ以外に選択肢はなかった。ここは黒人が多いので身を隠しやすかったし、逃亡奴隷に同情的な人が多い土地柄なので仕事も得ることができた。具体的に何をしていたかはわかっていないが、一般家庭やホテルで家政婦や料理人として働いたのではないかと考えられている。

まだ二〇代だった彼女は新しい環境にすぐ適応したようだが、しばらくたつと心の中でひそかに孤独を抱えるようになった。ブラッドフォードの伝記でタブマンはこう語っている。

「長い間夢見てきた境界線を越えた。自由になった。でも、自由の地へ迎えてくれる人は誰もいませんでした。私は見知らぬ土地の見知らぬ人間。結局のところ、私の故郷は古い小屋が並ぶ黒人居住区にあって、老親やきょうだいがいるところなんです。私は重大な決心をしました。私が自由の身なら家族も自由になるべきだ。私が北部に家を作って、皆を連れてこよう。神さまが助けてくださるからって」。

見知らぬ土地で一人ぼっちの生活を送るうちに耐えがたくなった彼女は、いつか家族や仲間を逃亡させようと考えるようになったのだ。その目的のために、働いて稼いだお金はできるだけ遣わずに貯めておいた。

フィラデルフィアはその目的のためにもいい場所だった。メリーランド州からはるかに遠いわけではないし、奴隷制廃止運動をしている人たちから南部の情勢を聞くことができただけでなく、港で自由黒人の船員から故郷について具体的な情報まで聞き出すことも可能だった。タブマンは逃亡してからも、黒人の情報ネットワークを巧みに活用していた。

# 第4章　地下鉄道の車掌としての使命

自由になったいま、奴隷制というものがどれほどひどい状態であるかわかります。

## 最初に救い出したのは姪だった

自由州にいるとはいえ、タブマンの身は決して安全とは言えなかった。街にはプロの奴隷捕獲人や懸賞金稼ぎがうろうろしていたからだ。それだけではない。自由黒人を誘拐して南部で奴隷として売りさばくギャングまでいた。実際にその犠牲になったソロモン・ノーサップという自由黒人は後に体験記を書き、それが二〇一三年に映画化されている（『それでも夜は明ける』マックィーン監督）。

また、ここにも人種差別意識が強い白人は多くいたので、黒人は集団リンチを受けたり、ささいなことで逮捕されたりした。実際、北部の白人優越主義は南部と大差がないほどひどかった。劇場や教会で黒人の席は隔離され、列車には人種別車両がもうけられ、飲食店やホテルは黒人を受け入れないところが多かった。

しかも、彼女が逃亡して一年もたたないうちに新たな逃亡奴隷取締法（一八五〇年）が成立した。この法律により、逃亡奴隷は自由州にいたとしても、捕まれば奴隷州の所有者のもとに戻らねばならない。しかも地元の当局や市民は捕獲に協力しなければならず、捕まえた場合は当局に一〇ドルの報酬が支払われる。これで、奴隷捕獲人は北部の警察や判事を協力させる権利を得たことになる。黒人たちはこれをブラッドハウンド（猟犬）法と呼んだ。

これによって逃亡の成功率が低くなるのはもちろん、自由州の逃亡奴隷が逮捕されて連れ戻される危険性も高くなった。そのため、すでに北部諸州にいた多くの逃亡奴隷が短期間のうちにカナダに移動した。カナダは英国領であり、英国はすでに奴隷制を廃止していたからだ。ほんの三ヶ月ほどの間に、三〇〇〇人もの黒人がカナダに入ったという。

しかしタブマンはカナダに向かわなかった。一八五〇年の暮れ、姪のケサイアが子供たちとともについに競売にかけられるという情報を人づてに入手した。その半年ほど前にはケサイアの妹ハリエットが子供とともに売却されていた。タブマンはケサイアを救うため、危険を承知でただちにメリーランド州に戻り、ボルティモアの友人や親戚らの家に潜伏した。夫ジョン・タブマンの兄弟であるトムの家もその一つだ。

ドーチェスター郡ケンブリッジにある波止場に近い裁判所前で、ケサイアは競売にかけられた。地方の町でおこなわれる奴隷の競売は、ちょっとしたお祭りのような活況を呈した。白人たちが牛の見本市か何かのように奴隷を見物し、ついでに友達と情報交換したり、お酒を飲んだりするのだ。ケサイアは子供二人とともに台に上がり、人々によく見えるようにゆっくり回れ右を繰り返しただろう。

周りに集まった群衆の中に、ケサイアの夫ジョン・ボウリーがいた。彼は船大工の自由黒人だ。メリーランド州では自由黒人が自分の家族を購入することは禁じられていなかったため、ジョンも競売に参加した。そして最終的に競り落とすことに成功した。

買い手が決まったので、人々はいったん食事をとりに立ち去った。それから戻ってきて、買い手は支払いをするようにと競売人が呼びかけたところ、誰も出てこない。ジョンには最初から払うつもりがなかったことがわかり、彼らはもう一度競売をやり直すことにした。しかし、ケサイアと子供たちはすでにいなくなっていた。ジョンに導かれて逃げ出し、近所の家にかくまわれていたのだ。

夜の帳が下りてから、一家四人はこっそりボートに乗ってチョップタンク川を下った。ベテランの船乗りでもあったジョンはチェサピーク湾に出てから北上し、ボルティモア近くのボドキン・ポイントまで家族を運んだ。真冬だったので、小さな船で一〇〇キロ近くを行く船旅は子供たちにはさぞつらかっただろう。子供の一人はまだ赤ん坊だった。しかし、チェサピーク湾の港湾労働者や船員には黒人が多かったので、途中で彼らの力を借りることができたはずだ。きっと一度はどこか沿岸の家か大きな船の中で休ませてもらっただろう。

無事に到着すると、タブマンや協力者が一家全員をボルティモアでかくまってくれた。そして二、三日潜伏した後、一家は他の数人の奴隷とともに、タブマンによってフィラデルフィアまで導かれた。だがフィラデルフィアにいても安全とはかぎらないため、一年ほど後にカナダにふたたび移動している。

ケサイアたちを救出してから数ヶ月たつと、タブマンはふたたびボルティモアに戻り、今度は末の弟のモーゼズと他の二人の男性を救い出したのだが、この件に関してはほとんど何もわかっていない。実は一八五四年にモーゼズ・ロスという奴隷がドクター・トンプソンに購入された記録がある。だが、これがタブマンの弟かどうかは不明である。このモーゼズについては、タブマンと兄弟たちは後年何も語らなかったのだ。

## 夫と別れて踏み出した過酷な道

ボルティモアからの救出に成功して自信がついたのか、一八五一年秋、タブマンは故郷のドーチェスター郡まで戻った。自分の夫を連れてくることに決めたのだ。お金を貯めて彼のスーツまで用意していた。ところが夫はキャロラインという自由黒人の女性と同居していることがわかった。それでも希望を捨てず、いったん友人の家に隠れ、待っているというメッセージを夫に送ってみた。すると、拒絶の言葉が返ってきた。

タブマンはかなりショックを受けたようだ。彼女が後に友人に語ったところによれば、以前の所有者にばれてどんな仕打ちを受けるかはどうでもよくなり、夫の家に押し入って騒げるだけ騒いでやろうかとまで考えたという。とにかく一度会わずにはすまないと思ったのだ。だが結局は、一時的な感情でもめごとを起こすのは愚かなことだと思い、あきらめた。自分がいなくても夫がやっていけるなら、自分だって夫がいなくてもやっていける。そう考えることにした。じきに冷静になった彼女は、夫がいない自分の未来を思い描くようになった。

そんなとき、タブマンが戻ってきていると聞いた奴隷から、逃亡を助けてほしいと依頼された。仲間の切実な願いを知った彼女は、迷った末に自分が進む道を選択した。夫のことは金輪際忘れ、仲間を自由の地へ導く者として働くことに決めたのである。

といっても、決して簡単に決意できたわけではない。捕まったら深南部に売られるか、ひどい罰を受けるか、殺される可能性も高い危険な仕事だ。実のところは恐怖に負けそうになっていた。そんなとき、神の声が聞こえてきたという。後に彼女はホルトという記者に、神は三回訪れた、と語った。

「神が仲間を解放しに行くようにとおっしゃるので、私は〝いいえ、神さま！　行けません――私にやらせないでください〟と言いました。でも神はまたやってきました。はっきり見ましたよ。それで私は言ったんです。〝神さま、来ないでください――誰かもっと教育のある人を選んでくださいよ――私よりものを知っている人を。よそへあたってください、神さま〟。でも、神は三度目にやってきたとき、モーセに語りかけたように私にも語りかけてきました。〝ハリエット、おまえにやってほしいのだ〟と。そのとき、私は神に命じられたことをやらなければならないと悟りました。ところで、神は一日や一週間だけやるように求めていたと思いますか？　とんでもない。仲間の面倒をみるように命じた神は、私が生きているかぎりやらせるおつもりでした。そういうわけで、私は命じられたことをしているんです」。

こうしてタブマンは、地下鉄道の車掌という命がけの旅路に踏み出した。「死ぬのは一度きり」というのが、彼女のモットーだ。この言い回しはことわざみたいになっているが、もとはシェイクスピアの『ヘンリー四世』の「人間死ぬのは一度きり、いのちは神から借りたもの」（小田島雄志訳）という台詞に由来する。

このときタブマンがフィラデルフィアへその奴隷たちを連れていったかどうかはわかっていない。おそらく実際の救出は一二月まで延期しただろう。家族や親戚ではなく、他人を初めて救い出したのはこのときだ。

一八五一年一二月、タブマンはふたたび故郷に戻り、一一人の奴隷をまとめて連れ出し、カナダまで導いている。彼女はいつも出発は土曜日の夜と決めていた。日曜日は新聞が発行されないので、逃亡奴隷の手配書は月曜まで掲載できない。そのうえ奴隷の仕事が日曜日は休みなので、逃亡しても気づかれにくい。月曜からは自由黒人にお金を払い、あちこちに張り出される逃亡奴隷の手配書を片っ端から剝がしてもらった。

一行はフィラデルフィア、ニューヨーク、オールバニー、ロチェスターというルートをたどってカナダへ向かった。フィラデルフィアからニューヨークまで列車で行き、そこからまた列車でオールバニーまで行って（地下鉄道の）スティーヴン・マイヤーズにかくまってもらい、そこからまた列車に乗ってニューヨーク州北部のロチェスターまで行った。

そしてロチェスターでは、奴隷制廃止運動家の黒人フレデリック・ダグラスの家に泊まったのではないかと言われている。ダグラスの著書の中に、一一人の逃亡奴隷を自宅に泊めたエピソードが登場するのだ。その部分をご紹介しよう。

図5　フレデリック・ダグラス。1862年

一度、我が家に一一人の逃亡奴隷がいっぺんに来たことがある。カナダへ逃がせるだけの資金が集まるまで、彼らを我が家にかくまわなければならなかった。一度に来た人数としては最大だった。これだけ多くの人に食事や隠れ処を提供するのは難しかったが、案の定、彼らはどちらについてもあまり注文をつけなかった。ごく質素な食べ物と、ベッド代わりに床にしいた細長い敷物や納屋の屋根裏にある藁の上でじゅうぶん満足していた。

ダグラスは、かつてタブマンと同じメリーランド州の奴隷だった。生まれたのは隣のタルボット郡だから、逃亡前にはお互いを知らなかったかもしれないが、タブマンと共通の知人がいたことはほぼまちがいない。ダグラスは奴隷だったときにこっそり白人の子供に読み書きを教わった。そして逃亡後は新聞を発行したり著書を出版したりするなど活躍し、人種差別を撤廃する運動において著名な指導者の一人になった。

タブマンら一行はこうして無事カナダに逃げたのだが、出発してからフィラデルフィアに着くまでは、徒歩か馬車で移動したはずだ。彼女がこれだけの人数をどうやって食べさせ、移動させたのか、地下鉄道の協力者がどこまで助けてくれたのか、詳しいことはわかっていない。

もし春から秋であれば、チェサピーク湾東岸地域の森には木の実や果物が豊富にあるけれども、このときのように逃亡に気づかれにくいクリスマスを選ぶと、冬の森に食料は期待できない。クエーカー教徒が気をきかして、食べ物や靴下などを詰めた袋を木のうろの中に隠しておくことがあり、それが見つかれば幸運だった。ある逃亡奴隷の回想によれば、一日ドングリだけを食べて歩いたこともあったという。それでも、タブマンは冬期の逃亡を最も好んだ。移動できる夜の時間が長いからである。

一行が国境のナイアガラの滝に近いカナダのセント・キャサリンズに到着すると、タブマンもそこに数ヶ月滞在して冬を越した。彼らの生活の面倒を見る必要があったのだ。身一つでやってきた彼らは、慣れない環境や寒さや貧困といきなり闘わなければならなかった。「最初の冬はこの哀れな逃亡奴隷たちにとってとんでもなく厳しかったですよ。雪の中、カナダの森で木を伐って、食費をまかなっていました――霜焼けはできるし、ひもじいし、着るものもなかったんです」とタブマンは証言している。

カナダは冬の期間が長く、しかも借地料が高くて農産物の価格が安いため、農業だけで生計を立てるのは難しかった。したがって逃亡奴隷は農業だけでなくさまざまな仕事をした。日雇い労働者、料理人、家政婦、御者、鍛冶屋、塗装工、ウェイター、理容師など。到着したばかりの逃亡奴隷は経済的に苦しく、すぐに極貧状態に陥った。もちろん本人たちは懸命に努力したけれども、逃亡奴隷を支援する地元の慈善団体や黒人の仲間がいなかったら、生き延びるのは困難だった。

当時の地元の医師によると、南部から来たばかりの逃亡奴隷は厳しい気候のせいで気管支や肺など呼吸器系の疾患にかかることが多く、それで命を落とす者も少なくなかった。とくに子供は死にやすかった。六人いた子供の半数を数年のうちに喪った者もいた。

さらに、人種差別もあった。セント・キャサリンズのある元奴隷が、ここの人種差別はアメリカよりもひどく、もし法律がなかったら私たちは襲撃されているだろう、と告白している。ニューヨーク州からやってきた別の黒人女性も、ここは故郷より人種差別が激しくて、社会生活が送れているのはただ法にもとづく権利があるからにすぎない、と証言している。

逃亡奴隷にとって「約束の地」は、夢見ていたような天国ではなかったのだ。それでも南部に戻ってふたたび奴隷になろうとする者はいなかったという。

タブマンと逃亡奴隷たちは力を合わせてなんとか厳しい冬を乗り切った。そして春が来ると、タブマンはお金を稼ぐべくフィラデルフィアに戻った。夏には、自由州であるニュージャージー州の南端にあるケープ・メイに移動して、料理人として働いた。ここはアメリカで最も古いビーチリゾートの一つだ。おそらくフィラデルフィアから出ている船に乗り、観光客でにぎわうこの地のホテルなどで働いたのだろう。

そのようにして貯めた資金を使い、ふたたび地下鉄道の活動を始めた。一八五二年の秋、タブマンがケープ・メイからメリーランド州に潜入し、九人の奴隷を救い出したという記録がある。このときは港で働く自由黒人らの助けを借りて、船で対岸のデルマーヴァ半島に渡ったと思われる。半島の東海岸からポプラー・ネックまで七〇キロほどの距離だ。途中でブリッジヴィルやフェデラルズバーグを経由したと思われる。

彼女がケープ・メイで稼いだのは、一八五二年の夏だけではなかった。ニュージャージー歴史委員会の地下鉄道に関する冊子に、彼女は一八五〇年から五二年にかけて、夏は毎年ケープ・メイに来たと書かれている。この地とは縁があるのか、後年、ケサイアのひ孫にあたるフローレンス・クーパーがケープ・メイで暮らし、墓もあるという。

この年の春、ハリエット・ビーチャー・ストウによる『アンクル・トムの小屋』が出版されてベストセラーになっている。一八五二年の発売から一年間で、三〇〇万部以上売れた（当時のアメリカの人口は約二三〇〇万人）。この作品によって、地下鉄道の活動が初めて一般大衆に知られることになったのだ。

この物語は戯曲化され、演劇として北部各地の劇場でも上演された。タブマンもフィラデルフィアでこの演劇を観ようと誘われたのだが、断っている。「同じ黒人が苦しんでいるところが舞台で演じられるなんて、とても見に行く気にはなれませんよ。私は本物を見てますからね。舞台や劇場で見たいとは思いません」。

## 兄弟三人を救い出す

リット親子をめぐるパティソン家とブロデス家の裁判はしつこく続いていた。一八五二年五月にドーチェスター郡の裁判所が放火に遭い、ほとんどの書類が消失したのだが、リットとその子供たちに関するアトウ・パティソンの遺言は、運よくその写しがパティソン家に保管されていた。

パティソン家の弁護人を務めるジェームズ・A・スチュアートは、地元の大物弁護士というだけでなく政財界の実力者でもあったのだが、なぜかこの小さな案件に執着した。奴隷制に反対していたわけではない。むしろ奴隷制を擁護し、自分が所有する奴隷の多くを平気でテキサスに売り払うような人物だった。実はケサイアの妹、つまりリットの孫であるハリエットとその娘二人が、ケサイアの逃亡の半年ほど前に州内のトーマス・ウィリスに売却されたのだが、この弁護士はなぜかウィリスからハリエットだけを購入し、幼い二人の娘から母親を奪っている。そんな彼が、なぜ時間をかけて執拗にこの裁判に勝とうとしたのか、いまだに謎である。裁判は一八五四年九月に訴えが棄却されるまで終わらなかった。

リット自身は、自分はもう自由の身なのに、白人たちがまた奴隷にしようとたくらんでいるのだと考えていた。とはいえ裁判が長引いたおかげで、タブマンの兄弟たちが売られるまで、ある程度の時間稼ぎをすることができたのである。

タブマンはしばらくフィラデルフィアで働き続けた。ケサイアの長男ジェームズを引き取って学校に通わせていたので、お金がいっそう必要になっていた。ケサイア一家が住むカナダには黒人向けの小学校がほとんどなかったのだ。タブマンは週に一ドルしか稼げなかったが、その半分はジェームズの学費と生活費にあてられていた。後にジェームズはカナダの親元に戻り、南北戦争後にはサウスカロライナ州へ行って教育に携わり、その後州議会議員になった。

一八五四年春、タブマンは自分の兄弟三人を逃亡させようとして失敗している。その代わり、二七歳の奴隷を救出してフィラデルフィアまで連れていった。これと同時に、サミュエル・グリーン牧師の息子サムに逃亡の方法を詳しく教えたところ、サムは数ヶ月後に自力で逃亡して、無事フィラデルフィアにたどり着いた。

実はタブマンの兄弟三人も何度か自力で逃亡を試みたのだが、失敗していた。一度は半年ほど姿をくらましていたこともあった。イライザ・ブロデスは腹を立て、逃げられるぐらいなら早く売ってしまおうと考えたかもしれない。同じ頃、ある白人男性がこの兄弟を買いたいと彼女に持ちかけた。おそらく兄弟三人が、買ってほしいとその男性に頼んだのだろう。しかしイライザは拒否して「ジョージアに売られていくのを見るほうがいい」と答えた。それを聞いた男性は兄弟に「逃げられるなら逃げなさい」と言ったという。

九月に裁判が終わったとき、イライザがいよいよ兄弟三人を売る気だという情報がタブマンの耳に届いた。そこで一八五四年一二月、タブマンはふたたび兄弟を逃亡させる作戦を実行した。兄のロバートと弟のベンジャミンとヘンリーだ。タブマンはまず、彼らの近くに住んでいて読み書きができる自由黒人ジェイコブ・ジャクソンに宛てて隠語を使った手紙を出し、兄弟に作戦実行を知らせてもらうことにした。もちろん手紙は信頼できる人物に代筆してもらった。

ちょうどその頃、ジェイコブ・ジャクソンは奴隷の逃亡に関与した疑いをかけられていたので、彼に手紙を送るにあたってはおおいに用心が必要だった。ジェイコブの養子であるウィリアム・ヘンリー・ジャクソンがそのとき北部にいたので、タブマンはこの養子の名前を書き手として手紙に署名することにした。ジェイコブは頭が切れるので、独特の言い回しで伝えようとしているこちらの意図を、きちんと理解できると彼女は確信していた。

手紙は取るに足らない内容の後、こう続いた。「そして兄弟たちには、いつも身を慎んで努めて祈り、シオンのよき古船がやってきたらすぐ乗れるように準備しなさい、と告げてください」。

当時、ジェイコブ宛ての郵便物は、検査官が通読してからでないと本人に渡されなかった。タブマンが送った手紙も検査官が目をとおしたが、ジェイコブの養子に兄弟はいないので内容が不可解だった。さっそくジェイコブは呼び出され、内容について問いただされた。ジェイコブは一読してすぐ行間を読み取り、隠れた意味を理解した。この手紙はタブマンが書き取らせたものであって、彼女はじきにやってくるのだと。

ジェイコブは手紙をゆっくり眺めてから放り出し、そ知らぬ顔で言った。「その手紙は俺にあてたものじゃないですよ。さっぱりわかりゃしません」。彼は立ち去ると、ただちに手を打った。タブマンがこちらへ向かっているから、合図が来たらすぐにでも北へ出発できるよう準備しておくように、と彼女の兄弟たちに知らせたのだ。

タブマンはクリスマス・イブに救出を決行することにした。クリスマスには奴隷も休暇をもらい、よその農園に家族や親戚を訪ねてもいいことになっていたので、逃亡にはうってつけのタイミングだ。しかも、三兄弟はクリスマスの翌日、競売にかけられることになっていた。

彼女は逃亡奴隷と待ち合わせるとき、いつも彼らの所有者や雇い主の家からやや離れた場所にして、万一発覚した場合でも彼女自身に危険が及ばないようにしていた。スパイが用いるテクニックをトレードクラフトと呼ぶが、これもその一つとして知られる。おそらく他の地下鉄道の協力者から学んだのだろう。ときには待ち合わせ場所が一五キロほど離れていることもあった。

このときも、兄弟は冬の冷たい雨が降る中、待ち合わせ場所までずいぶん歩かなければならなかった。別の機会にタブマンに導かれたある逃亡奴隷は、待ち合わせ場所は墓地だったと証言している。黒人が森の中で集まるのは禁じられていたし、誰かの家を使えば目について家主を危険にさらす。だが夜の墓地なら誰も寄りつかないし、墓地に集まることは禁じられていなかった。

長男のロバートにはすでに妻子がいて、逃亡するとき、ちょうど妻が三人目の子供を出産するところだった。ゆえに黙って家を出ていくのが難しく、待ち合わせに遅刻した。タブマンは遅れた一人のために他の人々を犠牲にしないことにしていたので、彼を置いてポプラー・ネックの両親の家に向かって出発した。だがロバートは朝までになんとか一行に追いついた。

次男のベンジャミンは、ジェーン・ケインという女性の奴隷を連れてきていた。自由黒人と思われる妻との間に二、三人の子供がいたにもかかわらず、ベンジャミンはジェーンと結婚したいと考えていた。しかし彼女の所有者ホレーショ・ジョーンズが許可しなかったため、一緒に逃亡することにしたのだった。

彼女の姉妹の一人は、鞭打ちのときに逃げた罰としてジョーンズに服を奪われ、手近なもので裸を隠しながら働かなければならなかった、とジェーンは証言している。

ジョーンズの農園はバトンズ川の西側一帯にあり、ピーターズ・ネックの黒人集落にとても近い。ベンジャミンは逃亡の前に仕立屋へ行って、小柄な人に合う男物のスーツを買った。ジョーンズ家の庭は川の土手まで続いており、その庭先に柵があったので、彼はその内側にスーツを隠し、ジェーンに場所を教えておいた。そしていざ逃げるときが来ると、ジェーンはそこへ行って包みを開け、土手の下に隠れて男の服に着替え、自分の服は川に流した。

まもなく彼女がいないことに皆が気づき、家の女全員がジェーンを捜すように命じられた。やがて川のほうからきちんとした身なりの黒人少年がやってきた。女たちはその姿を見たが、ジェーンは疑われずに彼女たちの前をとおり過ぎ、門から堂々と出ていった。

三男のヘンリーはハリエット・アンという妻と子供を残して一人で来た。妻子も後にタブマンに導かれて逃亡し、ヘンリーとカナダで生活する。一行にはこの三兄弟のほかに、二人の男性の奴隷が参加していた。

夜が明ける前に、タブマンたちは両親の家にあるトウモロコシ用の納屋に身を隠した。タブマンは母親に五年ほど会っていなかったが、これほど近くに子供たちがいることを彼女には知らせなかった。息子が三人も逃亡すると聞いたら、大騒ぎをすることは目に見えていたからだ。

納屋の壁の板には隙間があったので、そこから老親が暮らす小屋が見えた。日が暮れるまで、老母は数分おきに外に出てきた。目に手をかざし、我が子がやってこないかと道の向こうをじっと眺め、それから肩を落として小屋の中に戻っていくのだ。

息子たちが例年どおりクリスマスを一緒に過ごしてくれるものと期待して、彼女は豚を解体してソーセージやハムを作るなど精一杯のご馳走を用意して待っていた。母親が暖炉のそばに座って手に頭をのせ、体を前後に揺らしているのを子供たちは見た。ひどくやっかいな事態に陥ったときの癖だった。このとき母親のリットは、二日後に息子たちが売られる予定になっていることを知っていたのだろうか。妹のレイチェルもこの日、両親の家に来なかった。所有者に禁じられていたのだろう。あるいは彼女がクリスマスも忙しい家内奴隷だったとも考えられる。

母親が待ちくたびれて寝静まった後、腹を空かせた一行は食料を調達するため、父親のベンに協力を求めることにした。そこで家族ではない二人が小屋へ近づき、なんとかベンだけを起こすことに成功した。

ベンは静かに外に出てきて、話を聞くとすぐに中に戻って食料をかき集め、納屋に運んできた。彼はドアの内側に食料を入れて、子供たちに少し声をかけたが、後で白人に嘘をつかなくてすむよう、彼らの姿は見ないように気をつけた。

　ベンはいったん小屋に戻り、夜中になってからふたたび来て、子供たちの逃亡の旅に可能なかぎり付き添った。ただしベンは目をハンカチで覆い、子供たちを決して見ないようにしていた。そのため彼の片方の腕を息子の一人が、もう片方の腕をタブマンが引いて進みながら、小声で語り合った。

　やがて別れの時が来て挨拶を交わし、一行は父親を残して去っていった。彼らの足音が聞こえなくなると父親はきびすを返し、ハンカチをはずして家路を急いだ。そして後で白人たちから、クリスマスに子供たちが訪ねてこなかったか訊かれると、今年は一度も会《シー》わなかった、つまり見《シー》なかったと答えたのだった。

　タブマンたちは地下鉄道の協力者にかくまってもらいながら北上し、デラウェア州ウィルミントンのトーマス・ギャレットの家に到着すると、そこで食事や服を提供してもらった。一目で奴隷とわかる身なりをしていると危険なので、着替えは重要だった。また、タブマンと男性の一人は靴を履きつぶしていたので、靴を買うお金ももらった。

図 6　トーマス・ギャレット。撮影年不明

ギャレットは金物類の商売をしていたクエーカー教徒の白人男性で、何十年にもわたって地下鉄道の駅として自宅を使い、その活動に多くの資金を費やした。ギャレットが手を貸した逃亡奴隷の数は、およそ二五〇〇名にもなるという。ギャレットは逃亡奴隷を援助したかどで二回裁判にかけられ、仲間のジョン・ハンとともに重い罰金を科されて資産を没収されている。もうすぐ還暦という年齢で、丸裸にされたのだ。

しかし裁判所で判決を申し渡されるとき、ギャレットは頭を上げ、法廷を見つめながら言ったという。

「判事。あなたは私を一文無しにしましたが、私はあなただけでなく、この法廷にいる皆さんに申し上げたい。もし逃げ場や協力者を求める逃亡奴隷がいたら、トーマス・ギャレットのところへ来させなさい、そうすれば味方しますとね」。

彼は懸命に仕事をして財産をある程度取り戻し、助けを求める逃亡奴隷の全員にできるかぎりのかたちで援助を続けた。

さて一行がフィラデルフィアに着いたときには、一二月二九日になっていた。このときまでに二人の奴隷が途中で加わり、一行の数は九人に増えていた。彼らをオフィスに迎えたウィリアム・スティルは、さっそく聞き取り調査をおこなった。その記録には、ロバートは三五歳、ベンジャミンは二八歳、ヘンリーは二二歳、ジェーンも二二歳とあるが、この数字は自己申告であって正確とはかぎらない。

スティルに「知性的」と描写されたベンジャミンは、イライザ・ブロデスのことを「極悪」と評している。ジェーン・ケインは、所有者のジョーンズは彼女を口や鼻から血が流れるまで殴った後で食器棚に閉じこめ、もう少しで窒息死させるところだった、と具体的に語っている。

この際、彼らは行方をくらますために改名をした。姓は三兄弟ともスチュアートだ。ロバートはジョン・スチュアート、ベンジャミンはジェームズ・スチュアート、ヘンリーはウィリアム・ヘンリー・スチュアートとした。ジェーン・ケインはキャサリン・ケインだ。後に彼女はタブマンとしばらく同居することになる。

逃亡中でなくても、奴隷たちは自由の身になればそれを祝してしばしば改名をおこない、奴隷だったときに白人に与えられた蔑称や古めかしい名前を捨てた。カーペンターなど職業を姓にする者もいれば白人の名士の姓を採用する者もいたし、フリーマンやリバティなど自由を祝福する姓を選ぶ者もいた。

たとえばタブマンの二番目の夫であるネルソン・デイヴィスは、もとはネルソン・チャールズという奴隷だった。ノースカロライナ州から北部へ逃亡した後に南北戦争に従軍し、復員してから姓をデイヴィスに変えたのだ。そのため、彼が亡くなってからタブマンが退役軍人の未亡人として寡婦年金を申請したところ、軍にいた頃と名前が違うため確認に手間取り、受給開始までに五年もかかったのだが、こういう事態は珍しいことではなかった。

タブマン自身は逃亡後に改名しなかったし、最初の夫への貞節を示すためか、あるいはたぶん利便性のために、夫と別れた後もタブマンのままにしていた。デイヴィスと再婚して書類上のみハリエット・

デイヴィスにすることがあっても、通称は死ぬまでタブマンだった（墓石にはハリエット・タブマン・デイヴィスとある）。

カナダにやっとたどり着いた一行は、セント・キャサリンズで他の逃亡奴隷たちに混じって腰を落ち着けた。それから一年ほどの間に、ジェームズ（ベンジャミン）とキャサリン（ジェーン）の夫婦はセント・キャサリンズから二〇〇キロほど西のチャタムに転居した。そこにはケサイアの一家がいたのだ。チャタムでは、デトロイト経由で逃亡してきた奴隷たちが助け合って暮らしていて、その共同体はセント・キャサリンズより大きく、支援も充実していた。

ジョン（ロバート）とウィリアム（ヘンリー）の二人はセント・キャサリンズに残った。そしてジョンは白人医師二人の馬車の御者を務め、ウィリアムは土地を借りて農業を始めた。ウィリアムの妻ハリエット・アンと子供たちもまもなく逃げてきて、一緒に暮らし始めた。その後、ウィリアムは何かのトラブルで二〇〇ドルの投資をふいにしたものの、一八六一年にはセント・キャサリンズ近郊に六エーカーの土地を買っている。

## 監視が強まりますます危険な状況に

メリーランド州にいたタブマンの家族は、これですべてではない。両親のほか、妹のレイチェルとその子供アンジェリンとベンジャミンがまだいた。それからジョン（ロバート）の妻メアリー・マノキーと三人の子供たちも。

しかし彼女たちを救い出すのは以前にも増して困難になっていた。逃亡奴隷の数が増え続けていることに農園主たちが危機感を抱き、ますます監視を強めていたからだ。また、黒人の暴動が起こるというデマが白人の間に広まったため、黒人による集会がこれまで以上に厳しく規制されただけでなく、黒人は家宅捜索を受けて武器になるものを没収された。

救出を難しくしたのはそれだけではない。レイチェルは子供と一緒でなければ逃亡できないと主張していたのだが、子供たちから引き離されて別の場所で働かされていた。おそらく逃亡を防ぐための措置だろう。レイチェルは両親を訪ねることさえ禁じられていた。

タブマンはそれでもあきらめなかった。潜伏場所をしょっちゅう変えながら、ドーチェスター郡に三ヶ月も滞在してチャンスを待ったこともあった。

そんななか、危険な目に何度も遭遇した。一度は以前の雇い主であるドクター・トンプソンと道ですれ違った。だがそのとき、彼女はボンネットを深くかぶって顔を隠し、地元の老婆のふりをして市場で買った鶏を抱えていた。そして彼とすれ違うときにわざと鶏の足を引っ張り、騒いでばたつく鶏を追って前かがみになり、気づかれずにやり過ごすことができた。

日中の野外で仕事をしなくなった彼女の肌色は以前より薄くなっていたので、それも功を奏したようだ。また、南部の過酷な農作業を長年続けて紫外線を大量に浴びたせいか、彼女の肌は荒れていて、実際の年齢より老けて見られることが多かったという。三〇歳ぐらいのときに、北部の白人から六〇歳ぐらいに間違えられたこともあったそうだ。そのため猫背になって黒髪を隠すだけで、老女に変装するのは容易だった。

変装は彼女の得意技の一つだ。街の中を歩くときは仕立てのいい絹のドレスを着て中産階級の自由黒人を装った。あるときは列車の近くの席にタブマンのことを知っている白人が座ったことがあったが、文盲の元奴隷だった彼女はすぐに新聞を広げ、読んでいるふりをした。もしかしたら新聞が逆さまかもしれないと思ったが、運よく切り抜けることができた。そういうとき彼女はいつも「神さまが救ってくださった」という言い方で幸運を表現する。

そして人目につきやすいところでは、南に向かって歩くようにした。そうすれば疑われにくい。また、乗合馬車で客の白人から疑いをかけられたことがあったが、彼女は次の停車場までずっと歌を披露し続け、難を逃れたという。彼女の声はよくとおる魅力的なものだった。

この時期のタブマンの様子について、トーマス・ギャレットが一八五五年一二月一六日の手紙に書き残している。


先週、彼女が二週間の旅を終え、男性を一人連れてきました。そして私とお茶を飲み、また出かけていきました。(クリスマス休暇の間に) いまや奴隷の身に置かれた最後の一人である妹と彼女の三人の子供たち、それから義理の妹 (その夫は一年前からカナダにいる) と彼女の三人の子供たちと友人の男性一人を連れ去るという決意を抱いてのことです。彼女は、もし彼らを無事に導いてこられたらもう満足なので、こんな危険な旅はやめることにすると言っています。

南部で捕まる危険が増すにつれ、彼女の心は揺れていたようだ。少々のことではへこたれないタブマンだが、つねに緊張を強いられる日々が続けば疲労もたまるだろう。おまけに彼女には持病もある。「雑草のように育ち」、奴隷たちの前ではいつも指導力を発揮して頼りにされる彼女だが、トーマスとレイチェルのギャレット夫妻にはときおり弱い面を見せていたことがわかる。彼女にとって、ギャレットの家は精神的な意味でも避難所だったのかもしれない。

## 危機一髪のときに見せた機転

それでもタブマンはこの時期、妹たちの救出作戦と並行して他の奴隷たちも精力的に導いている。妹たちを救出する予定だった一八五五年のクリスマスの前後だけで、四、五回はチェサピーク湾東岸地域に入ったようだ。

逃亡奴隷を導くときに、間一髪で危機を免れたことはしょっちゅうあった。たとえば逃亡奴隷の一行とともに馬車で北を目指していたとき、途中で黒人の友人の家にかくまってもらったところ、密告されそうになった。

到着したとき、その友人は不在だったが、彼の妻が食事や寝床を用意してくれたので屋根裏で寝ていた。しばらくしたら彼が帰ってきたので、タブマンは目を覚ました。彼は妻からタブマンたちがいることを告げられると、彼女には高い懸賞金がかけられているからそれを手に入れると言って、夕飯の後で警察へ向かった。その隙にタブマンは急いで仲間たちを起こして逃げた。逃亡中は、熟睡するのは危険なのだ。

またあるときは、携帯している銃を取り出す事態に陥った。二五人もの逃亡奴隷を連れて逃げていたとき、一人が帰りたいと言い出したので、銃を突きつけて脅さなければならなかったのだ。逃亡の旅を始めて二日目の夜、ある男の両足が腫れて痛み、歩けなくなった。戻って死ぬほうがましだと彼が言い出したので、皆で励まし、足を洗ってやり、説得したが無駄だった。どうしても戻ると言ってきかない。そこでタブマンは他の男たちに銃を持って彼を撃つように頼んだ。それを聞いたとたん、彼は立ち上がって歩き出した。タブマンは後にこう語っている。

「もう歩けないと言い出すぐらい弱い人間なら、私たち、それから私たちを助けてくれた人たち全員のことをばらすような弱い人間でもあるでしょう。私がたった一人の腰抜けのために、それほどたくさんの人を犠牲にすると思いますか」。

この一件については、タブマン自身が銃を突きつけたという伝説が広く伝わっているが、友人のチェニーが書き残した証言によれば、実際にはその場にいた他の男性に頼んだのである。

連れていく逃亡奴隷の一行に赤ん坊がいることは珍しくなかった。そのためタブマンはたいてい腰に丈夫な布の袋を巻きつけていた。その中に赤ん坊を入れて運ぶのである。だが赤ん坊は急に泣き出すので逃亡を難しくする。そこで人家の近くや危険な場所に隠れるときは、赤ん坊にアヘンを含む小児用下痢止め薬パレゴリックを呑ませ、泣き声を上げさせないようしていた。
　彼女はもともと歌をうたうのが得意だったが、歌を逃亡奴隷への合図に使うこともあった。たとえば逃亡奴隷たちを森の中に隠しておき、あたりに危険がないかどうかを一人で調べてきて、もしなければこんなふうにうたう。

めでたし、おおめでたし、幸いなる魂
もう死に怯えることはない
嘆きも悲しみも、痛みも苦しみも
そこでは感じないだろう

一万の天使が彼を囲んで
命令に従おうと控えている
天使たちはいつもあなたのそばにいる
天国の地にたどり着くまで

イエス、イエスがあなたに付き添う
玉座へあなたを導いていく
彼はみまかって、あなたより先に向こうへ行った
たった一人で葡萄の絞り器を踏んだのだ（絞られる葡萄はキリストの受難を表す）

その雷は創造物を震わせる
星に回れと命ずる
大嵐に乗る
その権杖ですべてを動かす

暗く困難が多い道を
巡礼者が進んでいく
でもこの悲しみの谷の向こうには
永遠の地が広がっている

タブマンはこの歌を二回うたい終えるまでは隠れ場所から出てこないように指示していたそうだ。そ

して、もし危険があれば警告のためにこの歌をうたう。

モーセがエジプトへ行く
そしてファラオが私を解放する
アダムの堕罪がなかったら
死とは無縁だっただろうに

そして危険が去ったら、次のように変える。

ああ行け、モーセよ
遠くエジプトの地へ
ファラオに告げよ
我が民を解放せよと
……

この歌は『行け、モーセ（Go Down, Moses）』というタイトルの黒人霊歌として、現在でもよく知られている。

このようにしてハリエット・タブマンが自由の地へ導いた人の数は現在、七〇人前後ではないかと言われている。彼女は、自分の手に負えないかもしれないと少しでも不安を抱いたら、どんなに頼まれても連れていくのを断っていた。しかしタブマンがいなくても自分たちだけでどうしても逃げたいという人々にはアドバイスをし、地下鉄道の協力者や逃げる方法について具体的に教えた。それも彼女の功績に入れるとすれば、ゆうに一〇〇人は超えるだろう。

初期の伝記で三〇〇人という数字が使われていたことがあるが、これは誇張された数字だというのが歴史家たちの一致した意見だ。タブマンがそのように発言した記録はない。彼女自身はつつましく五〇人ぐらいと答えていたそうだ。カナダまで連れていかずに途中で協力者に預けたような場合は数に入れてはいけないと思ったのかもしれないし、単純に数をかぞえていなかったのかもしれない。

さて、一八五五年後半と思われるが、タブマンと家族らはカナダでベンジャミン・ドルーから聞き取り調査を受けている。奴隷制廃止論者のドルーは、元奴隷から体験を聞き出して奴隷制の残酷な実態を人々に広く知らしめたいと考えていた。この調査の内容は後に本にまとめられ、一八五六年に出版された。

匿名にする逃亡奴隷もいるなか、タブマンは実名を出している。タブマンが語っている部分は短いので、ここで全文を紹介しよう。

私は誰にも顧みられない雑草のように育ちました――自由とは何かを知らず、それを経験したこともありません。だから、幸せでも満足してもいませんでした。白人を見るたびに、連れていかれるのではないかと怯えていました。二人の姉が鎖につながれて連れていかれました——一人は二人の子供を残して。私たちはいつも不安でした。自由になったいま、奴隷制というものがどれほどひどい状態であるかわかります。私はこれまで何百人もの逃亡奴隷に会いましたが、戻って奴隷になってもいいという人は一人もいませんでした。故郷の友達に会うことなどできやしません。ことと同じように自由でいられるなら、私たちは故郷にいるほうがいいのです。奴隷制は地獄みたいなものです。誰かを奴隷の境遇に追いやることは、もし誰かを地獄へ落とせるとして、そのぐらいにひどいことなのです。

# 第5章　残された最後の家族の救出作戦

危険が近づいてきたら、心臓がどきどき、どきどき打つようになる。

## 妹レイチェルを救い出すまでは

一八五五年のクリスマスの救出作戦は失敗に終わり、妹たちを救い出すことはできなかった。だがタブマンは、いつか必ずレイチェルやメアリー・マノキーたちを救い出すという決意を捨てなかった。ところが翌年の一八五六年春、数人の奴隷をカナダまで逃がした際、重い病気にかかったため、秋になるまで動けなかった。肺炎ではないかと考えられている。首まで水に浸かって川を渡ったのだ。

逃亡奴隷を連れて逃げている途中、彼女は前方で危険が待ち受けているから、まっすぐ行かずに左へ曲がらなければならないという啓示を受けた。そして左の方向には決して細いとは言えない川があった。見たところ橋もボートもない。深い急流のようだったので、逃亡奴隷の男性たちは渡るのを恐れた。しかし、タブマンは迷わず川の中へ入っていった。水があごの下まで来て、沈んでしまうと一度は思った。だが、なんとか無事に渡り終え、それを見た男性たちも後をついてきた。さらにもう一本川を渡らなければならなかったけれども、こちらも全員無事に渡ることができた。後でわかったことだが、もし左に曲がらなければ、二〇メートルほど先にこの逃亡奴隷たちの手配書が張られていたうえ、彼らが来ることを事前に察知した警官たちが待ち構えていた。

タブマンには第六感のようなものがあったのだろうか。彼女自身は「危険が近づいてきたら、心臓がどきどき、どきどき打つようになる」と友人のサンボーンに語っている。この未来を見通す能力は父親から受け継いだもので、父親は天候を予測することができたし、アメリカ・メキシコ戦争を予言した、と主張していたそうだ。

周囲の人々による証言もある。トーマス・ギャレットは彼女の不思議な力に驚いて、手紙にこんなふうに書き残している。

彼女は「あなたならくれるって神さまがおっしゃったんですよ」と答えました。神さまは決してだまさないのかと私が尋ねると、彼女は「そうですとも！」と言いました。それで私が「へえ！いくら欲しいんだい」と訊くと、彼女は一瞬考えこんでから「二三ドルぐらい」と答えました。私は二四ドルといくらかの小銭を渡しました。それはハリエットへの寄付金としてイライザ・ウィガムのもとへ届けられた、英貨五ポンドにあたる額なのです。……ハリエットへの寄付金を私が受け取ったのはそれが初めてでした。

それから一年ほどたち、彼女がまた私を訪ねてきて言いました。彼女が受け取れるお金を私が持っていると神さまがおっしゃった、でもそれは前ほど多くない、と。その数日前、私は彼女に贈られた一ポンド一〇シリングにあたるお金をヨーロッパから受け取っていたのです。

話を戻すと、危機を免れた一行はじめじめと肌寒い天候の中、濡れたままの服で長い距離を進まなければならなかった。その後、黒人の家にたどり着いてかくまってもらい、ようやく服を乾かすことができた。そこで休息をとって翌日の晩にまた出発し、ウィルミントンのトーマス・ギャレットの家に向かった。

到着したときの様子をギャレットが書き残しているが、彼女の声はがらがらになり、ほとんど会話ができないほどだったという。また、彼女は激しい歯痛に見舞われたため、仕事に支障をきたしてはいけないと、痛む歯を石で打ち壊して取り除いていた。以来、彼女は死ぬまで前歯が欠けた状態になった。笑顔の写真がないのはそのせいだと言われている。上唇がやや薄く見えるのは、歯が抜けたところだけ唇が少し引っこんでいるからかもしれない。

体調はすぐれなかったが、彼女は逃亡奴隷たちをカナダまで導いた。だが、その地でしばらく養生することにした。おそらく兄弟の家にいたのだろう。夏の間、休息をとった。

それから九月になって具合がよくなり、フィラデルフィアに戻ってみると、なんと借りていた部屋がなくなっていた。タブマンが闘病している間に大家の男性が亡くなり、未亡人が家を売り払って一五〇キロ離れたハリスバーグへ引っ越したのだ。そのとき未亡人は、タブマンの私物や一〇ドルの現金まで一緒に持っていってしまった。このことを知ったトーマス・ギャレットが、英国のエジンバラ女性奴隷解放協会の幹部イライザ・ウィガムに宛ててタブマンへの寄付を求める手紙を送っている。

そのような事態になっても、タブマンはめげずに救出作戦を続行した。レイチェルたちを救い出せるかやってみる、と言い残してメリーランド州へ向かったのだ。

その後しばらくして、五人の逃亡奴隷がウィルミントンのギャレットの家からフィラデルフィアへ向かっている。タブマンは彼らと一緒にいなかった。おそらくやり方だけ教えて自力で逃亡させたか、安全なところまで導いて途中で別れたからだろう。いずれにせよ、依然としてレイチェルたちは救い出せないままだった。

一ヶ月ほどたった頃、タブマンはティリーという若い女性をボルティモアからカナダまで逃がしている。彼女と結婚の約束をして北部に逃げた逃亡奴隷が、タブマンに助力を求めたのだ。ティリーの救出劇については詳細がわかっている。ギャレットがタブマンから話を聞いて、すぐにイライザ・ウィガムへの手紙に書き記して送ったからだ。このような実話は寄付を募るのに役立つと考えたのだろう。

タブマンはまずフィラデルフィアで依頼主からもらったお金を使い、自由黒人である証明書を蒸気船の船長に書いてもらった。その船に乗り、運河をとおってボルティモアへ行き、そこでティリーを見つけた。だがティリーのための証明書はない。そこで、ひとまず南へ向かう船に乗ってデラウェア州シーフォードへ行った。南へ向かうのであれば、誰も逃亡奴隷とは疑わない。このとき、船の船長がフィラデルフィアの船長のことを知っていたため、ティリーに証明書か通行証のようなものを書いてくれた。シーフォードに着いてホテルに泊まった。すると翌朝になって、奴隷商人に疑いをかけられ、逮捕されそうになった。しかし二人とも証明書を持っていたので助かった。そこから列車でデラウェア州キャムデンまで行き、地下鉄道の協力者に馬車でウィルミントンまで運んでもらった。ティリーとはそこで別れ、タブマンはふたたびレイチェルたちを救うためにドーチェスター郡へ向かった。ティリーは無事カナダに送り届けられた。

タブマンは、なんとかレイチェルと直接会って話をすることができた。それからレイチェルが逃げてくるのを一〇日待ったのだが、彼女は今回も子供たちを置いてくることができなかった。子供たちと彼女は互いに二〇キロほど離れたところで働かされていた。しかし今度のクリスマスには子供たちと過ごすことが許されるのではないかと希望を持っていたので、タブマンはそのときにもう一度救いに来ることにし、他の奴隷たちを導いた。

兄のジョン（ロバート）の妻であるメアリー・マノキーはというと、妊娠していて逃亡できなかった。お腹にいたのは、後に結婚するウォルター・ウェルズという男性の子供だ。彼女の所有者であるドクター・トンプソンは翌年春、近くのタルボット郡に嫁いだ娘の一家にメアリー・マノキーとその子供たちを売っている。当時、トンプソン家は深刻な経営難に陥っていて、奴隷を何人か売却していたのだ。メアリーたちはとりあえず深南部には売られずにすんだのである。

## 大仕事の成功で高まった名声

一八五六年一一月半ば頃、タブマンはジョーことジョサイア・ベイリーとその兄のビル、そしてピーター・ペニントン、イライザ・マノキーを救出した。二八歳のジョーは木材の優れた伐採人だったので、所有者のヒューレットは何年か彼を雇い続けた後、かなりの高値で購入したばかりだった。まじめに仕事をしていたジョーが逃亡を決意した経緯が、ブラッドフォードによる伝記に書かれている。

新しい主人が新品の丈夫な鞭を持ち、大きなたくましい馬に乗って黒人居住区に入ってきた。そしてジョーの小屋の前で止まると、出てこいと声をかけた。ジョーは朝食を食べているところだったが、すぐに呼び出しに応じ、あわてて出てきた。彼は奴隷だったし、無慈悲な場面には慣れている。それでも、この命令を下されたときは驚いた。「さあ、ジョー、服を脱いで鞭を受けるんだ」。当然ながら最初は不服を唱え、命令にそむくことを考えた。しかし彼は、数日前に農場で目撃した場面を思い出した。その詳細はおぞましくてここでは紹介できない。彼は言うことをきくのがいちばん賢明な道だと考えた。けれども、まずは穏やかな抗議をしてみた。

「ご主人。俺はいつだって忠実じゃなかったですか。晴れの日も雨の日も、朝早くから夜遅くまで働いてきませんでしたか。奴隷監督の仕事までやって、そのぶんの賃金を節約させませんでしたか。俺に何か不満があるんですか」。

「いいや、ジョー。おまえに不満はない。おまえはいい黒んぼだし、いつもよく働く。でもいまや私のものであり、私の黒んぼだ。私の黒んぼがまず肝に銘じなければならないのは、私が主人であって黒んぼは私のものであり、私がやれと命じたことにいっさい抵抗してはならんということだ。だからいつも最初に鞭打ちをたっぷりお見舞いしておくんだ。さあ服を脱いで鞭を受けろ」。

自分にはどうすることもできないのであって、さしあたり服従しなければならないのだとジョーは悟った。彼は服を脱いで黙って鞭打ちを受けた。そして皮膚が裂けて血が流れる背中をシャツで覆いながら、心の中で考えた。「これが最初で最後だ」。

このとき、兄のビルも一緒に鞭打たれている。ジョーはこっそりボートでジャマイカ・ポイントからポプラー・ネックまでチョップタンク川をさかのぼり、タブマンの父親ベンを訪ねた。今度タブマンが来たら、逃亡を助けてくれるよう伝えてほしい、と頼むためである。

彼女が現れたのはそれから一、二週間後のことだった。ジョーが逃げたことを知ると、所有者のヒューレットは一五〇〇ドルという高額の懸賞金付きの手配書を広範囲に張り出した。彼らと一緒に逃げたピーター・ペニントンにも、別の所有者から八〇〇ドルもの懸賞金がかけられた。

懸賞金が高額になればなるほど追っ手が増え、逃亡が難しくなる。タブマンと四人の奴隷たちは執拗に追われ、思うように動けず、ウィルミントンまで通常なら三、四日で着くところ、かなりの日数を費やすことになった。

　彼らはまずチョップタンク川に沿って北上し、デラウェア州に入ってサンドタウンやウィロー・グローブをとおってキャムデンに向かったと思われる。キャムデンにはブリンクリーやギブズなど信頼できる自由黒人が何人かいて、いつもなら馬車でドーヴァーやスマーナを迂回し、ブラックバードまで運んでくれる。それから別の協力者に引き継がれ、ミドルタウンやニューカッスルを経由し、ギャレットが待つウィルミントンを目指すのだ。しかしこのときはキャムデンに近づけず、馬車に乗れなかった可能性がある。

　しかもウィルミントンの手前まで来たとき、すでに三日前に所有者たちが街に入っていて、手配書をあちこちに張り出していたことがわかった。自由黒人たちが協力して張り紙を剝がしたが、高い懸賞金の噂は街全体に広まり、監視が厳しくなっていた。街へ入る橋が見張られていたため、タブマンたちは川を渡れず、ギャレットの家に近づくことすらできない。そこで彼らは少人数に分かれ、それぞれ違う協力者の家にしばらく潜伏することにした。

　事態を知ったギャレットは、ただちに行動を開始した。二人の黒人を雇い、レンガを積んだ荷馬車で橋を渡らせた。そしてタブマンと逃亡奴隷たちを荷馬車の底に隠してもう一度橋を渡らせたのである。トーマス・ギャレットは、追っ手の目を欺く方法を考えるのが得意だった。逃亡奴隷に鎌や熊手などを持たせて庭師のように見せかけ、街の中を安全な場所まで一人で歩かせたこともある。

　うまくウィルミントンを出たタブマンたちは、翌日にはフィラデルフィアに到着し、さらに列車でニ

図７　ナイアガラの吊り橋を渡る列車。1876 年頃

ューヨークに向かった。ニューヨークでは奴隷制反対協会のオフィスに入り、ジャーナリストのオリヴァー・ジョンソンに迎えられている。

ここでジョーは、ニューヨークにまで自分の手配書が届いていたことを知らされ、意気消沈した。ここまで来るだけでも耐えがたいほど難儀だったのに、本当にこれではるか遠いカナダにたどり着くことができるのか、不安になったのだろう。タブマンはそんなとき、陽気に励ました。「六回危機に襲われたけど、いつでも神はともにいてくださった。七回目になって見捨てたりしないよ」。だから、いまあきらめてはいけない、と。

それから一行はオールバニー、シラキュースを経由し、列車でナイアガラの橋を渡った。ここがカナダとの国境だ。逃亡奴隷たちはあともう少しで自由の地だと喜びに沸き、タブマンとともに歌をうたった。それを尻目に、ジョーは滝の絶景にすら興味を示さず、落ちこんでずっと頭を抱えていた。しかしついに橋を渡り終えてその足でカナダの地を踏んだとき、歓喜のあまり叫んだりうたったりし始め、野次馬に囲まれてしまった。

その後、ジョーは懸賞金が高かったせいで、奴隷制廃止運動の人々の間でちょっとした有名人になった。それにともない、困難な逃亡を成功させたタブマンの名声もいっそう高まることになった。彼女は車掌として、最も難しい大仕事の一つを完璧にやり遂げたのだ。

後に作家のウィリアム・ウェルズ・ブラウンが、カナダでタブマンの仲間や家族にインタビューをおこなったところ、彼らはこう言ったという。タブマンが捕まらないのは彼女が護符を持って生まれてきたからだ、神が力を与えたのだ、と。タブマン自身もそう信じ切っていたようだ。神には意図があり、自分を使ってそれを実行していると考えていたのだ。この信念が、彼女の勇気や精神力をますます強固なものにしていた。そして、逃亡奴隷たちもそう信じて彼女の指示に素直に従い、集団行動を乱さなかった。そのおかげで、逃亡の成功率がいっそう高まったと考えられる。

## 裏切られたドーヴァー・エイト

一八五七年三月、地下鉄道の組織にとって大きな事件が起こった。メリーランド州ドーチェスター郡の九人の奴隷が自力で逃亡しようと試みて、タブマンから教わったルートをたどり、デラウェア州ミルフォードの近くに住むオトウェルという黒人を訪ねた。オトウェルはドーヴァーやキャムデン周辺の地理に通じ、地下鉄道の協力者として逃亡奴隷を案内していた人物だ。ところが、その彼が裏切ったのである。

オトウェルのところに行くまでに一人が引き返したので、一行は八人になっていた。ギャレットの手紙によれば、オトウェルは八人の逃亡奴隷をだまして信用させたうえでドーヴァーの刑務所に案内し、味方だと嘘をついて白人の知人や保安官に引き渡したという。しかし部屋の中にとおされた逃亡奴隷たちは、すぐにだまされたことに気づいた。彼らは鍵をかけられる前に飛び出し、銃を取りにいく保安官を彼の寝室まで追いかけた。そして一人が暖炉の薪置き台をつかんで保安官に投げつけ、その間に他の奴隷たちは窓から逃げた。残った一人は燃える燠《おき》を部屋に撒き散らして追ってこられないようにしてから、自分も逃げ出した。保安官の銃は壊れていたのか、弾が出なかった。

八人はこの事件のせいではぐれて、ばらばらになった。一部はウィルミントンのギャレットの家に自力でたどりつき、一部はオトウェルを追いかけて捕まえた。オトウェルは命乞いをし、もともと行くはずだった次の駅まで案内して、それからすぐに姿を消した。ほかに一人で逃げた女性がいて、どこかに数ヶ月身を隠していたが、最終的にはなんとかフィラデルフィアまで逃げおおせた。ギャレットの家に入れたのは二人だけだったし、八人全員がカナダまでたどり着けたわけではないが、どういう経緯をたどったにせよ、結果的に一人も捕まらずにすんだ。

刑務所からの脱出劇はウィルミントンやカナダの新聞に取り上げられ、八人の逃亡奴隷は「ドーヴァー・エイト（ドーヴァーの八人）」と呼ばれるようになった。そしてこの逃亡を助けたと疑われたのが、イースト・ニュー・マーケットに住むサミュエル・グリーン牧師だった。グリーン牧師は奴隷として生まれ、亡くなった所有者の遺言によって自らの自由を買い取り、それから牧師になった人だ。したがって奴隷に対する同情や共感は人一倍抱いていた。

彼は以前から奴隷の逃亡を手助けしていると疑われていたが、一部の白人からも尊敬される人物だったので、誰も手を出せずにいた。ところが今回の件で家宅捜索をおこなったところ、カナダの地図、逃亡奴隷からの手紙、北部へ向かう列車の時刻表、『アンクル・トムの小屋』が発見されたため、彼はただちに逮捕された。

当時アメリカに『アンクル・トムの小屋』を読んではいけないという法律があったわけではない。それどころか、この小説はベストセラーだった。しかし南部では発行禁止にされた。くわえてメリーランド州では奴隷制廃止運動のビラなど、奴隷の不満を誘発するような扇動的な印刷物を所持しているだけで重罪とする法律が、一八四一年に制定されていた。そして『アンクル・トムの小屋』はその印刷物にあたるとみなされたのである。

結局、彼は一〇年の刑を宣告された。交代した州知事によって五年後には釈放されたが、この事件は奴隷制廃止運動家たちの間で大きな関心事となった。彼の釈放を求める請願書が、全国の牧師一一四人から出されている。

## 年老いた両親の救出

一八五六年のジョー・ベイリーたちの救出から翌年春までの間、タブマンはウィルミントンに姿を見せなかった。ギャレットが彼女の身を案じ、スティルに宛てて手紙を書いたところ、彼女は元気だという返信を受け取っている。タブマンは奴隷救出に必要なお金を貯めるために賃仕事をしていたのだろう。彼女が稼げる賃金は白人より安い黒人男性よりもさらに安いので、自活するだけでも大変だったはずだが、そのうえに他人を助けるためのお金も稼いでいたのである。

車掌として南部に潜入するとき、地下鉄道の協力者が近くにいるとはかぎらない。その場合、宿や馬車を貸してもらったり、通行証や手紙を書いてもらったり、情報提供や伝達をしてもらったりするたびに謝礼が必要になった。謝礼として渡すものが何もないとき、苦肉の策として自分の下着を渡したことさえある。奴隷制廃止運動の組織や慈善団体などがいつもじゅうぶんな資金をくれるわけではないので、タブマンは作戦を実行する合間にさまざまな仕事をして貯金をしなければならなかったのだ。

その頃、タブマンは両親に危機が迫っていることを「超自然的に」感じとった。つまり、嫌な夢や幻視を見たか、不吉な予感がしたのだろう。両親を救い出さなければならないと考えた。だが、老人を助けるには通常よりお金がかかる。しかも急がなければならない。そこで彼女は、ニューヨークの奴隷制反対協会で座りこみをやった。その顚末をブラッドフォードが伝記で次のように描写している。ここで名前が伏せられている「紳士」は、ニューヨーク奴隷制反対協会のオリヴァー・ジョンソンだ。

両親のもとへ行くための資金をどこへ求めるべきか、彼女は神に問いかけた。すると、奴隷に味方するニューヨーク州の紳士のオフィスへ、彼女が思うところの何らかの方法で導かれた。滞在していた友人の家を出るとき、彼女は言った。「〇〇さんのオフィスへ行ってくる。年寄りのところへ行けるだけのお金が手に入るまではそこから出ないし、何も口に入れない」。

彼女はその紳士のオフィスに入った。

「元気ですか、ハリエット。どんなご用ですかな」と、まずは挨拶された。

「少しお金をいただきたいんです」

「そうですか！　いくら？」

「二〇ドルいただきたいんです！」

「二〇ドル！　ここに来て二〇ドルをもらうように言ったのは誰ですか！」

「神がそうおっしゃったんです！」

「神が。では、神も今回ばかりはおまちがえのようです」

「いいえ。神は絶対にまちがえたりしません！　とにかく、もらえるまでここに座ってますんで」

こうして彼女は座りこんで寝てしまった。午前も午後もずっとそこにじっと座っていた。ときどき眠り、ときどき目を覚ました。オフィスにはたいてい紳士がたくさんいたが、ときには彼女一人きりのこともあった。

当時、多くの逃亡奴隷たちがニューヨーク州を通過していた。だからオフィスに入ってきた人々は、彼女のことをそうした逃亡奴隷の一人であり、疲れ切って休んでいるのだろうと考えた。だが彼女は、ときおりこんな言葉で起こされた。

「さあ、ハリエット！　もう出ていってもらわないとね。ここにはあげられるお金はないんだから」

「いいえ。二〇ドルもらうまではここを動きゃしませんよ！」

一部始終は彼女にもわかっていない。というのも、ぐっすり眠りこんでしまったからだ。おそらくはいつもの眠気の発作だろう。しかしきっと彼女の経歴は人から人へそっと伝えられたのだろう。その名前と功績は多くの人に知られていたので、オフィスを訪れる人々の中には同情をかきたてられる人もいた。いずれにせよ、ついにすっかり目覚めたとき、うれしいことに六〇ドルもらえることになっていた。先ほどのような見知らぬ人々が寄付してくれたのだ。

こうして、タブマンは両親を救い出す軍資金を得ることができた。彼女は自分のためにはめったに助けを求めず、自力で難局を切り抜けようと努めたが、誰かが困っていて助けが必要とわかれば、ためらわずに白人富裕層に援助を訴えた。

一八五七年四月、彼女は南へ向かった。その頃、父親のベンに地元の白人たちから疑念の目が向けられるようになっていた。彼の子供たちの多くが逃亡に成功したため、逃亡奴隷に手を貸している人間の一人ではないかと疑われたのだ。ベンの働きに頼ってきた有力な農園主のドクター・トンプソンですら彼をかばいきれないほどだった。ベンとリットの身に危険が迫っていた。

これより二年ほど前、ベンは妻のリットをブロデス家から二〇ドルで購入していた。本当はとっくに自由の身であるはずのリットは、このとき七〇歳ぐらいになっていたはずだ。四五歳を超える奴隷を解放するのは違法なので、ベンはリットを自由の身にするわけにはいかなかったが、それでもベンがリットを購入したという届けが出されれば、リットの新しい所有者が誰かを証明できる。リットを連れて安全に逃げるためには、その証明書が重要だった。

実は、ベンはかのドーヴァー・エイトに宿を貸していた。証拠があろうとなかろうと、疑われた黒人は容易に有罪にされてしまう。しばらくすると、ついにベンを逮捕する正式な手続きが始まった。それを知ったある白人の雇い主が、早く州外に逃げるよう彼を促したというのだが、この人物がドクター・トンプソンだったかどうかは定かではない。

ドーヴァー・エイトの事件をきっかけに、グリーン牧師の家など地下鉄道の駅のいくつかが失われ、監視はいっそう厳しくなっていた。しかも天候が悪かったため、タブマンは老親の救出になかなか踏み切れなかった。しかし五月の終わりになってようやく暖かさが増してくると、老いた両親に長旅をさせても大丈夫だと考え、行動を開始した。母親のリットは、家財のすべてを置いて北へ向かうことにあまり乗り気ではなかったらしい。すべての鶏を籠ごと持っていくとまで言い出した。父親も大斧は置いていきたがらなかった。

冬ではないので夜は短いし、老人が夜中に森を歩くような逃げ方はできないと判断したタブマンは、両親を乗せる簡易な馬車を用意し、老馬に引かせることにした。馬車には父親の大斧と母親の羽毛マットレスを丸めたものを積んだ。そして夜だけ馬を走らせてウィルミントンに向かい、ギャレットの家に立ち寄ってからは列車を利用した。

ギャレットの手紙に、ベンとリットの逃亡の様子が説明されているので、その部分を引用しよう。ギャレットは二人とも奴隷だと信じていたようだが、少なくともベンは自由黒人だった。

彼女が年老いた両親を連れてきた方法は、風変わりでした。藁の首輪をつけた一頭の老馬に、古い二輪馬車を原始的に取りつけたもので出発したのです。車軸の上に座るための板がつき、足を置くための別の板がロープで車軸から吊してありました。両親は違う主人たちの奴隷でしたが、彼女は二人を鉄道の駅までこの質素な馬車で運びました。二人を馬車に押しこんで、彼女自身が御者となり、空前絶後のやり方で街へ入ったのです。それでも無事に着いて、彼女は喜んでいました。翌日、私はカナダに持っていってもらうため、お金を全額渡しました。後で老馬を売って、そのお金も送りました。

ジャーナリストのアダムズによる後年の記述によれば、両親のために馬車と馬を盗む必要があると考えた、と彼女は言っていたという。ともあれ、これほどの高齢者が逃亡に成功した例はほとんどない。

二人ともおそらく七〇代だった。

フィラデルフィアに到着したタブマンの両親は、ウィリアム・スティルの聞き取り調査を受けている。このとき彼らは、娘たちを売られた悲しみを訴えた。父親のベンはドクター・トンプソンについて、奴隷の扱いが荒っぽく、食べるものも着るものも満足に与えない、と評した。また、二〇年ほど前にドクター・トンプソンの父親が亡くなってから一ドルももらっていない、という不満も述べている。

両親はカナダのセント・キャサリンズに無事到着し、息子や孫との再会を果たした。初めて顔を見る孫もいた。そして夫婦は逮捕されないよう、姓を息子たちと同じスチュアートに変えている（後年、元に戻した）。こうして彼らはしばし喜びに浸ったものの、冬が来るとカナダの厳しい寒さが老骨にこたえたようだ。しまいに母親のリットはタブマンに文句を言い出した。

## 白人の警戒に阻まれ救出を中断

タブマンは老親を導く大仕事を終えると、すぐにまたメリーランド州へ向かったが、レイチェルたちの救出はまたしても失敗に終わった。だが、今度はじっくりチャンスを待つことにしたのか、タブマンは夏から秋にかけてドーチェスター郡にとどまり、他の奴隷の救出はおこなわなかった。ただし多数の奴隷たちが自力で逃亡するのに力を貸している。

一八五七年一〇月、三週ほどの間にドーチェスター郡から四〇人を超える数の奴隷が逃亡した。最も

図8　メリーランド州から逃亡する28人の奴隷たち。1872年

大きな団体は子供を含めた二八人だ。これだけの人数がいっぺんに姿を消したのである。彼らは銃やナイフで武装していた。

天候が悪く、何日も雨に見舞われるなか、大所帯の彼らはなんとか地下鉄道の駅の一つにたどり着いた。キャムデンにあるウィリアム・ブリンクリーの家だ。彼らはブリンクリーとその仲間たちの手でグループ分けされ、キャムデンからウィルミントンの手前まで馬車で運ばれた。

しかし、多数の奴隷が逃亡したニュースはすぐに広まってしまい、厳しい監視の目をかいくぐってウィルミントンの街に入ることはなかなかできなかった。そのうえ、後ろから追っ手が迫ってきていた。ブリンクリーの馬は重い荷を急いで運ばされたので負傷し、馬車は壊れていた。数人は靴がだめになり素足の状態だ。そんななか、ジャクソンという黒人の車掌が率いていたグループの一部が、アイルランド人の集団と口論になり、一人が発砲してしまった。相手は無事だったものの、ますます街の警戒が強まって危険な状態になった。

彼らはさらに少人数に分けられた。そして郊外の家にかくまわれたり、迂回して進んだりして危険を回避しながら、地下鉄道の人々の手で北へ送られた。そして途中で吹雪に見舞われるなど困難もあったが、ついには生きてカナダの地を踏むことができたのである。彼らが味わった苦難が並大抵でないのはもちろんだが、地下鉄道の人々の献身的な努力にも目を見張る。

奴隷の逃亡はその後もやまず、短期間に大量の奴隷を失ったチェサピーク湾東岸地域の危機的状況は、ついに全国紙で取り上げられるまでになった。屈辱的な立場に立たされた農園主たちは地団駄を踏み、何か対策を講じなければならないと考え始めた。しかしまだこの時点では、まさかハリエット・タブマンが奴隷の逃亡に関わっているとはほとんど気づいていなかった。きっと北部の奴隷制廃止運動の連中が、自由黒人をそそのかして協力させているのだろうと考えていたのだ。タブマンは持病がある小柄な女性だったので、最初から容疑者として浮上しなかったのだろう。

地元では奴隷にこれ以上逃亡させまいと警戒が強まった。やがて自警団を名乗る集団が、奴隷の逃亡に関わった疑いのある人間を独自の判断で襲い始めた。かつてタブマン自身の逃亡に力を貸したリヴァートン家のアーサーは、自由黒人の隣人とともに白人暴徒からリンチを受けそうになり、すんでのところでフィラデルフィアに遁走した。

このようにとても緊迫した状況になったうえ、地下鉄道の協力者が次々にチェサピーク湾東岸地域から去って信頼できる人物が減ったため、タブマンはレイチェル親子を救い出すのをいったんあきらめることにした。

彼女はカナダに移動し、逃亡奴隷たちの生活支援に努めた。「モーセ」として有名になっていたタブマンは、南部にいる家族や仲間を助け出してほしいとしばしば知人に頼まれたが、あまりにもリスクが高いこの状況では彼女も手の打ちようがなかった。

この時期、タブマンはカナダで支援活動を続けながらも、しばしばアメリカの北部に出かけて社会運動の行事に積極的に参加している。一八五〇年代の後半をとおして、タブマンは奴隷制廃止運動、女性参政権運動、黒人の権利向上運動などに関わるあちこちの集会に出席した。そして社会運動家の間に、黒人白人を問わず人脈を広げていった。

ただし彼女はあくまでも逃亡奴隷であり、いつ南部に連れ戻されるかわからない身だったので、アメリカであまり目立つ行動をとることはできなかった。会ったことのない人間に一人で会う場合はつねに警戒し、相手が本人にまちがいないという確認を怠らなかった。確認する方法の一つは、写真だ。彼女は信頼する人たちのダゲレオタイプの写真を持ち歩いていた。そして紹介されて訪ねてくる人にそれを見せ、その人が写真を見て名前を言えれば大丈夫だと考えたのである。

# 第6章　ジョン・ブラウンとの出会いと語り手としての役割

私たちはここに根づいているんですから、引っこ抜くことなんかできやしません。

## 語り手としての才能が開花

人脈を広げていくなかで、まもなくタブマンはジョン・ブラウンと初めて出会った。ジョン・ブラウンは白人の急進的な奴隷制廃止運動家で、一八五九年、バージニア州ハーパーズ・フェリーの武器庫を仲間とともに襲撃し、制圧された末に処刑された。彼は奴隷を解放して黒人のための州を作ろうと考えていたのだ。

この歴史的事件を起こす前、ブラウンは黒人の同志を募るべく、一八五八年四月にセント・キャサリンズを訪れた。タブマンと会うよう勧められたのだ。勧めたのはもしかするとフレデリック・ダグラスかもしれない。ブラウンはその数ヶ月前の一月末、ダグラス夫妻の家で過ごしているのだ。しかしダグラス自身は、ブラウンの計画は失敗に終わるのではないかと懸念し、参加には消極的だった。

タブマンの家はセント・キャサリンズのノース・ストリート沿いにある教会の近くだった。ブラウンはそこで彼女と初めて対面し、すぐに意気投合したようである。言葉より行動を重視するブラウンにとってタブマンは理想的な人材だったし、黒人の共同体における彼女の人脈は貴重だった。神への信仰に篤いことも共通していた。

この日、タブマンの呼びかけで地元の逃亡奴隷たちが彼女の家に集まっていた。ドーヴァー・エイトの何人かとジョー・ベイリー、ピーター・ペニントンらに加え、おそらくタブマンの兄弟と両親もいただろう。ブラウンは彼らに向かって情熱的に語りかけ、ともに行動を起こそうと訴えた。

ブラウンは立ち去るとき、タブマンのことを「タブマン将軍《ジェネラル・タブマン》」と呼んだ。また、息子への手紙でタブマンのことを「彼」と呼び、「彼はこれまで会った男の中でも、生まれながらに最高の男だ」と書いている。

しかし、タブマンとブラウンはその後、なかなか再会するチャンスを得られなかった。なぜかタブマンが約束の場所に現れず、ブラウンが心配して病気ではないかと知人に尋ねたこともある。だがタブマンは寄付を募るなどしてブラウンを支援し続けていた。

結局、タブマンが声をかけたジョー・ベイリーら逃亡奴隷たちは、ブラウンの作戦に参加しないことに決めた。彼らはすでに命がけでカナダまで逃れてきたのであり、いまの暮らしを守るだけで精一杯だったのだろう。フレデリック・ダグラスの見立てのほうが正しいと判断した可能性もある。

その後、ブラウンが作戦を延期したので、タブマンは一八五八年夏から秋までのどこかの時点で、ボストンへ寄付集めに出かけた。逃亡奴隷の生活支援のため、そして老親を支えるためだ。

この時期に、タブマンは初めてフランクリン・B・サンボーンと直接会っている。サンボーンはブラウンの支持者であり、エマソンやソローやオルコットなどニューイングランドの著名な知識人らの友人でもあったが、後にタブマンの強力な支援者となり、メディアで彼女の経歴を紹介した最初の人物にもなった。エマソンにタブマンを紹介したのも彼だ。

彼女はおそらくウィリアム・ロイド・ギャリソンにも会っただろう。彼は新聞『リベレイター（解放者）』を創刊し、アメリカ奴隷制反対協会を設立した著名な指導者だ。ギャリソンは革新的な考えを持ち、

図9　ジョン・ブラウン。1859年

図10　ウィリアム・ロイド・ギャリソン。1870年頃

運動への女性の参加を歓迎していた。当時はそれさえも物議をかもすことだったのだ。実際、彼がある女性を協会幹部として抜擢しようとしたところ、人種の平等を訴えながらも女性の発言は認めない男性たちが協会から離反し、独自の組織を作る事件も起きている。また、ギャリソンのアメリカ奴隷制反対協会の集会では、黒人男性も白人女性も分け隔てなく好きな席に座ってよかったが、現代ではあたりまえに思えるその習慣も、当時、とくに南部ではスキャンダラスな事件だった。

彼らのほかにも、この機会にぜひ会いたいという人々が、タブマンが滞在している家に続々と訪ねてきたという。社会活動家で作家でもあるエドナ・チェニーという白人女性もタブマンと初めて話をした。長年にわたってタブマンの親しい友人となるチェニーは、このときのタブマンの印象として、とても愛情深い人だと書き残している。彼女ほど個人的な愛着を強く持つ人はいないと。

たしかにタブマンの家族への献身ぶりを見れば、それもうなずける。実はこの頃のタブマンは、老親がカナダの厳しい冬をもう一度越えるのは無理だと悟り、アメリカに戻って住居を探すことを考えていた。捕まる危険があることは、わかっていたのだが。

といっても、彼女は神に見守られていると信じていたし、北部のニューイングランド地方やニューヨーク州周辺なら逃亡奴隷を守ってくれる奴隷制廃止運動家や自由黒人の知り合いが数多く住んでいたので、さほど不安は感じていなかった。それよりも、冬が来る前に急いで家を見つけなければならず、やや焦っていた。

そこへ、元ニューヨーク州知事のウィリアム・H・スワード上院議員が助け船を出してくれた。彼が義理の父親から相続したニューヨーク州オーバーン郊外の三万平米近くある農場を、いい条件でタブマンに売ろうというのだ。家や納屋もついており、家の部屋数もじゅうぶんだ。

価格は一二〇〇ドル（現在の日本円で約四〇〇万円）だったが、タブマンはまず家の分である二五ドルを払い、残りは年に四回、一〇ドルずつ利子をつけて払えばよかった。相手が逃亡奴隷と知りながら土地の取引をするのは違法なので、政治家であるスワードはこれでまずい立場に立たされる可能性もある。勇気ある行為と言っていいだろう。

図11　ウィリアム・H・スワード。1859年

スワード家は篤志の一族であり、彼と息子はオーバーン近辺の所有地に小さな家をいくつも建てて、貧しい移民や黒人にたった三〇〇ドルから五〇〇ドルで提供していた。彼はもともと奴隷制廃止論者だが、黒人だけでなく移民の権利を守る活動もしていた。後に、リンカーン大統領のもとで国務長官となって活躍する。

オーバーンも決して温暖な土地ではなかった。ニューヨーク州のかなり北のほうにあり、緯度はセント・キャサリンズとそう変わらない。アップステイト（ニューヨーク州北部）には季節が二つしかない、それは冬と独立記念日（七月四日）だ、というのがことわざのようになっている。たしかに二つの地点の気象データをくらべると、気温や降雪量の差はあまりない。だがセント・キャサリンズのほうが風が強い傾向がある。体感としてはオーバーンのほうが過ごしやすく感じるだろう。オーバーンの人口は当時五〇〇〇人ほどで、おおむね白人農家だったが、最大の雇用主は街の中心部にある州立刑務所（現在はオーバーン矯正施設）だった。

タブマンはスワードの家に滞在したことがあったので、オーバーンのことはよく知っていた。奴隷制廃止運動家が多く、地下鉄道の拠点の一つでもあった。ルクリーシア・モットの妹マーサ・コフィン・ライトもここの住民だ。同じ州のオールバニーの近くにはいとこのジョン・フーパーもいる。おまけに、社会運動が活発なニューイングランド地方にも近くなる。彼女はありがたくスワードの提案を受け入れて引っ越すことに決めた。一八五九年のことだ。オーバーンの中心部から二キロほど南のサウス・ストリート沿いの家の住所は、正確にはフレミングという隣町だった。

当時は女性が不動産を購入するのは異例のことだったが、タブマンは自分の名義にすることを強く主張したという。逃亡奴隷たちの生活支援と両親の扶養だけでも大変だというのに、家の購入で彼女の経済的負担はいっそう重くなった。そこで、引っ越しを終えて、両親と兄のジョン（ロバート）が無事その新居に腰を落ち着けるのを見届けてから、彼女は一八五九年五月、ふたたびボストンへ寄付集めに出かけた。

そして人々の前で、奴隷だった頃の体験や奴隷を救い出したときのエピソードなどを話して聞かせた。奴隷制廃止論者で作家のリディア・マリア・チャイルドは、タブマンの講演の噂を聞いた知人から、

「類まれなエンターテインメント」だったそうだと報告する手紙を受け取っている。そこには「彼女は真っ黒で、ほんの三年前は奴隷でした。でもそれから逃亡して、少なくとも五〇人の奴隷の逃亡を助けたのです」とある。実際には三年ではなく一〇年なのだが、タブマンがまるで昨日のことのように奴隷時代を語るので、聞いた人が勘違いしてしまったのかもしれない。

タブマンは語りが上手だった。講演を聞いたエドナ・チェニーによると、タブマンは時間がないからといって話をはしょったり、手短にまとめたりすることはできなかったが、内容を生々しく感じさせる力があり、聞いているとその場面が目に浮かぶようだったという。

タブマンは身ぶり手ぶりを使い、ときには女優のように演じてみせた。スリル満点の話で興奮させるだけでなく、ユーモアをまじえて笑いをとることもあった。たとえば夫を迎えに行ったのに拒否されたエピソードでは、「夫の服はあっても夫なし」などと言って自らを道化に仕立てた。こういう話は人種を問わず女性の共感を呼ぶことを心得ていたにちがいない。一方で、奴隷時代の悲しみを語れば深い感動を呼ぶし、政治問題も理解していた。彼女はあっという間に奴隷制廃止運動家の間で人気者になった。

当時、奴隷だった頃の体験を語る講演をしていたのは大半が男性だったが、数少ない女性の中ではソジャーナ・トゥルースが目立っていた。彼女は一八〇センチ近くある長身で、タブマンと同じくキリスト教徒で文盲の元奴隷だった。我が子を取り戻すために白人相手に裁判を起こしたうえ、口述によって回想録を出版したので、広く名前が知られていた。

一方でタブマンは、逃亡奴隷で地下鉄道の車掌でもあることを隠すためにしばしば偽名を使っていたし、講演をおこなったこともあまりなかったため、まだ一般にはさほど知られていなかった。

この対照的な二人がどちらも白人支援者から敬意をもって迎えられ、講演者として人気を得たのは、語りがうまかったからだけではない。敬虔なキリスト教徒として神への信仰を表明していたからでもある。タブマンは夢や幻視で神の啓示を受けるというので、さらに一目置かれることになったのだろう。

## ハーパーズ・フェリー襲撃事件への関与

タブマンがボストンにいるとき、ちょうどジョン・ブラウンも来ていて、彼なりに活動資金を募っていた。そこで二人は何度か会い、彼の行動計画について話し合った。タブマンは作戦実行の日は独立記念日の七月四日がいいとアドバイスしている。

それからブラウンが友人のウェンデル・フィリップスの家にタブマンを連れていき、「タブマン将軍」だと紹介した。ウェンデル・フィリップスは裕福な家に生まれた弁護士で、奴隷制廃止運動や女性参政権運動に経済的な支援をおこなっていた。タブマンも資金援助を頼んだことがある。

フィリップスはこのときのことを回想して書き残している。


ジョン・ブラウンに最後に会ったのは、私の自宅でした。そのとき彼はハリエット・タブマンを連れてきて言いました。「フィリップスさん、この新大陸で指折りの優秀かつ勇敢な人間を連れてきましたよ――我々はタブマン将軍と呼んでいます」。

タブマンがブラウンに会うのは、これが最後になったと思われる。その後ブラウンは、タブマンに黒人兵士をカナダでもっと勧誘してほしいと考えたのだが、彼女はサンボーンを通じて断っている。すでにタブマンの仲間たちは参加しないと決めていたので、いまさら行っても無駄だと思ったか、この作戦に不吉な予感を覚えていたのかもしれない。

いずれにせよ、彼女は寄付集めの活動を続けた。ボストンだけでなくコンコードやウースターなどニューイングランド地方の他の街も行脚した。そして一八五九年七月四日の独立記念日には、フレイミングハムでおこなわれたマサチューセッツ奴隷制反対協会の集会で講演をおこなった。

このとき壇上でタブマンを紹介したのはジョン・ブラウンの支持者であり牧師でもあるトーマス・ウエントワース・ヒギンソンという白人男性だ。後にヒギンソンは南北戦争で初めて黒人だけで編成された連隊の指揮官となり、南部でタブマンと再会する。彼は戦時中に耳にした黒人霊歌を雑誌を通じて広く紹介し、戦後はアメリカ女性参政権協会の設立に寄与したほか、文芸評論家としてエミリー・ディキンソンに文通を通じて影響を与えた人物でもある。

この独立記念日の講演で彼女に集まった寄付は三七ドルにすぎなかったが、この時期に各地でおこなった一連の活動のおかげで、ある程度の貯金ができた。おかげでスワードにいっぺんに二〇〇ドル返している。

八月、彼女はニューイングランド有色人種市民会議に出席し、講演をおこなった。このときは珍しく政治的な発言をしている。アメリカに住む黒人をアフリカに帰還させる運動を批判したのだ。これはアメリカ植民協会によって提唱されて実際に移民もおこなわれ、一八四七年にはリベリア共和国が独立を宣言した。黒人の中にも賛同する人々がいた。

この運動について、タブマンはたとえ話を使って説明した。タマネギとにんにくを牧場に植えていた人が、牛の乳が癖のある味になったのでクローバーに変えようと思っても、もうタマネギもにんにくも種が撒き散らされ、根を張っているから取り除くことはできない。同じように、白人たちは「黒んぼ」に自分たちの重労働をさせるためにここに連れてきておいて、今度は一掃してアフリカへ送ってしまおうとする。「でも、そんなことはできませんよ。私たちはここに根づいているんですから、引っこ抜くことなんかできやしません」。

秋になり、ジョン・ブラウンは作戦実行を目前に控え、ペンシルベニア州チェンバーズバーグに潜伏した。フレデリック・ダグラスの協力を得られなかった彼は、どうしてもタブマンを仲間に引き入れ、黒人の兵士を多く募りたかった。しかしタブマンの消息はつかめず、便りもなかった。理由ははっきりしていないが、このときはニューベッドフォードにいて病気で伏せっていたと言われている。

寄付金が集まったとはいえ、その多くが借金の支払いに消えたうえ、逃亡奴隷の支援も続けていたため、タブマンの家の貧しい状況はあいかわらずだった。オーバーンの新居にいる兄のジョン（ロバート）からタブマン宛てに一一月に届いた手紙が残っているが、彼は老いた両親を抱えて支援もなく困り果て、彼女に助言を求めている。新居にはまだ生活必需品が足りていなかったようだ。できるだけ早く返事をくれと頼む文面から、切迫感が伝わってくる。

一八五九年一〇月一六日、ついにブラウンは一八名の仲間とともにハーパーズ・フェリーの武器庫を襲撃した。そして地元の民兵や海兵隊によってまもなく鎮圧された。その際ブラウンの息子二人が殺されている。ブラウン自身は一二月二日に処刑された。

ブラウンと親しかったサンボーンやダグラスは逮捕を恐れ、カナダへ急いで逃げた。タブマンは襲撃の日はニューヨークにいたが、処刑の日はボストンにいた。彼が処刑されたと知ると、ブラウンを不滅の存在と称え、神にまでたとえたという。それからタブマンも家族を連れていったんカナダまで逃げた。しかしセント・キャサリンズの安全なところに家族を落ち着かせたら、自分だけアメリカに戻ってふたたび寄付集めのためにニューヨーク州各地を回っている。

ジョン・ブラウンが起こした事件は全米に衝撃を与えた。南部と北部の間で、奴隷制をめぐる非難の応酬がいっそう激しさを増し、溝がますます深まった。南部の白人はこうした事件がまた起こるのを恐れ、民兵組織の再構築に力を入れた。

一八六〇年の大統領選挙が近づいてくると、奴隷制に関する議論が議会で活発におこなわれるようになった。この頃、タブマンは友人のエドナ・チェニーにこんな冗談めいた皮肉を言っている。「黒人には白人が尊重しなきゃいけないような権利はないって言うけどね、そう言ってる人たちは議会に男たちを送って一日八ドル払って、黒人の話ばかりさせてるみたいに見えるけどね」。

この時期に、タブマンは奴隷が解放される夢を見ている。一八六〇年、ニューヨークのヘンリー・ハイランド・ガーネット牧師の家に滞在しているとき、我々は解放された、と叫びながら目覚めたのだ。朝食の席に現れてもまだ言っているので、自分たちは生きてそれを目にすることはない、とガーネット牧師が言い聞かせた。するとタブマンは断言した。「いいや、もうじき目にすることになる」。

奴隷解放宣言が実施されるのは、それから約三年後の一八六三年一月一日だ。その日が来て、黒人の仲間たちが喜びに沸いている間、彼女は繰り返し訊かれた。「どうして皆に混じってお祝いしないの」。すると彼女はこう答えたという。「ああ。私は三年前に喜んじゃったからね。そのとき喜べるだけ喜んだんだ。もう喜べないよ」。

### 逃亡奴隷ナールを力ずくで奪い取る

一八六〇年四月末、タブマンはマサチューセッツ州の集会へ向かう途中で、ニューヨーク州トロイに住むいとこのジョン・フーパーを訪ねた。このとき、逮捕されて南部に連れ戻されそうになっていた逃亡奴隷を救い出すことに成功している。

この逃亡奴隷はチャールズ・ナールという男性で、一年半ほど前にバージニア州から逃げて、トロイで御者の仕事をしていた。最初は自由黒人の妻と六人の子供たちとともにペンシルベニア州コロンビアに逃げたのだが、そこは安全ではないので、彼だけが先にトロイに移住し、妻子を呼ぼうとお金を稼いでいた。

ところが逃亡を助けた疑いで妻が逮捕されたので、文盲の彼は妻や友人らに手紙を書こうと、ある弁護士に代筆を頼んだ。この弁護士が裏切り、ナールの所有者に連絡をとって居場所を教えた。実は所有者である白人はナールの腹違いの弟だった。彼の父親が奴隷に自分の子供を生ませ、その子を奴隷として正妻の子に与えたのである。そのためナールは肌の色が薄く、白人に近かった。

ナールが拘留されたことを知った彼の下宿先の大家は、ただちに黒人の仲間や白人の奴隷制廃止運動家らにその事実を知らせた。すると、同情した人々が建物を取り囲んで、彼をバージニア州に連れ戻すのを阻止しようとした。知らせを聞いたタブマンも、急いで駆けつけた。彼女はまずショールを頭からかぶって老女のふりをし、ナールがいる部屋に近づいた。そのときの顚末をブラッドフォードが伝記に書いている。


興奮した群衆がオフィスの周辺に群がっていた。ハリエットは人々を押し分けていき、逃亡奴隷が囚われている部屋のドアに続く階段を勢いよく上った。すでに玄関前にはその男性を連れていく馬車が待っていたが、いっそう数を増した群衆が興奮状態になっていたため、保安官たちは男性を階下へ連れていくことができなかった。黒人たちは道の反対側に立ち、ハリエットのボンネットが見える窓に目をこらした。彼女がそこにいるかぎり、逃亡奴隷はまだオフィスにいると確信を持っていた。しばらくたったが、逃亡奴隷は姿を見せなかった。「別の経路で連れ出したんだ。まちがいない」と言い出す黒人がいたが、「いいや、〝モーセ〟がまだいる。あの人があそこにいるかぎり無事だ」と答える黒人もいた。いまや彼を救い出すにはかなりの尽力が必要だと見てとったハリエットは、少年たちを何人か送り出して火事だと叫ばせた。非常ベルが鳴らされたので群衆が増え、やがて道が人でぎっしり埋め尽くされた。保安官は階段から人々をどかして、囚人を連れて下りる通路を空けようと何度も試みた。ハリエット以外の者たちは下へ追いやられたが、彼女は頭をうなだれて腕を組み、てこでも動かなかった。保安官の一人が言った。「さあ、ばあさん、ここから出ていきなさい。道を空けなきゃいけないんだ。一人で下りられなくても、誰か助けてくれるだろう」。それでもハリエットはいっそう老いぼれたふりをしてみせながら、彼からひょいと身を離し、その場に踏みとどまった。

チャールズ・ナールを主人から買い取ろうという申し出があった。でも彼の主人は当初一二〇〇ドルでよしとしていたのに、これが承諾されたとたん一五〇〇ドルにつり上げた。群衆はますますいきり立った。一人の紳士が窓を上げ、外へ向かって大声を上げた。「彼を救うために二〇〇ドル出そう。だが彼の主人には一セントもやらんぞ！」。これには下にいる群衆から快哉の叫びが返ってきた。ついに保安官たちが出てきて、群衆に告げた。もし馬車までの道を空けてくれれば、男を正面から連れていくと約束しよう。

道が空けられ、男が連れてこられた――背が高くて端正で知的な〝白人〟男性が、両手に手錠をかけられ、保安官ともう一人の保安官に挟まれて歩いてきた。後ろにいるのは、ほとんど見分けがつかないほどよく似た弟であり、主人でもある男だ。彼らが姿を現したとたん、ハリエットは前かがみにしていた体を起こし、窓をさっと上げて仲間たちに大声で呼びかけた。「さあ来たよ――彼を奪うんだよ！」。それから野良猫のように階段を駆け下りた。まず一人の保安官の体をつかんで倒し、もう一人もつかんで男性から引き離した。そして両腕で奴隷を抱えこみながら仲間たちに叫んだ。「私らを引っ張り出すんだ！　彼を川へ引っ張っていくからね！　水に入れちまえ！　でも奴らには渡すんじゃないよ！」。二人は一緒に殴り倒されたが、倒れている間に彼女が自分の頭からボンネットを引き剥がし、逃亡奴隷の頭にかぶせて結びつけた。彼が立ち上がると、頭しか見えないので、押し寄せる群衆の中ではもう彼とはわからなかった。しかも主人は奴隷と瓜二つだ。二人は繰り返し打ち倒されたが、哀れな奴隷は手首を拘束されているのでいっさい身を守れず、血を流していた。ハリエットの上着は脱げて、頑丈な靴すら引っこ抜けた。それでも彼女は男性をつかんでいる手を放さなかった。それから川まで引っ張っていき、彼をボートに投げこんだ。ハリエットは連絡船でボートを追いかけ、向こう岸に渡った。しかし電報のほうが先に着いていた。彼は到着するとすぐに捕まり、さっさと連れていかれて、行方がわからなくなった。

そこへ子供たちが報告にやってきて、ナールの居場所を教えてくれたため、人々はふたたび彼を奪い取ろうとその建物へ押し寄せ、階段を駆け上がった。そのとき何人か撃たれて倒れたものの、数人はひるまずにドアへ突進した。

そしてマーティンという黒人の巨漢が、力ずくでドアをこじ開けることに成功した。彼はすぐさま斧で倒されたのだが、彼の体が邪魔をしてドアが閉まらなくなったので、タブマンら女性たちがそこへなだれこんでナールを助け出した。タブマンはナールの体を「小麦粉の袋でも担ぐみたいに肩にしょって」運び出したが、走る間、頭の上を銃弾が飛んでいったという。

そこへたまたま馬車がとおりかかったので、これを強引に利用してナールを逃がした。ところがしばらく走ったら馬車が壊れたため、また別の馬車と交渉して乗り換えさせた。こうして、なんとか救出は成功した。ナールはカナダに逃げたと新聞には書かれたが、実際には近くのスケネクタディ郊外へ行ってそこに潜んでいた。

タブマンは群衆に紛れて逃げた。何度も殴られたせいであざだらけになり、血を流していたという。その後、ナールは奴隷制廃止運動の人々の尽力で所有者から買い取ってもらい、晴れて自由の身になった。この事件で死者は出なかったようだ。

## 妹の死、そして車掌としての最後の救出作戦

この事件の直後、タブマンは満身創痍のまま予定どおりマサチューセッツ州へ向かい、ニューイングランド奴隷制反対協会の集会にゲストとして出席した。おそらくこのとき、まだ二〇代のルイーザ・メイ・オルコットが出席してタブマンの講演を聞いている。コンコードにあるオルコットの家は地下鉄道

の駅の一つだった。彼女は後年『若草物語』で成功するが、この頃はまだ無名だった。彼女の作品の一つである *Work: A Story of Experience*（未邦訳）には、タブマンをモデルにしたと思われる登場人物がいるそうだ。

タブマンは翌月、女性参政権運動の集会に参加した。一八六〇年の夏はお金を稼ぐために講演活動を続けた。タブマンは一月からずっとスワードに借金の返済をしていない。といっても、スワードのほうはそれどころではなかった。大統領予備選挙に出馬し、かなり有力視されていた。しかし五月の共和党全国大会でリンカーンに破れ、その後は彼の支援をおこない、一緒に遊説している。タブマンに支払いの催促はいっさいしていないと思われる。それでもタブマンは講演で稼いだお金の一部を、スワードに払ったようだ。

残りの大半は奴隷救出のために貯金していたが、それでも足りず、少し支援してくれないかと依頼する手紙をウェンデル・フィリップスに出している。彼女は今度こそ妹のレイチェル親子を救い出そうと心に決めていたのだ。ただしチェサピーク湾東岸地域の監視の目はあいかわらず厳しく、逃亡奴隷にとって危険な状態は続いていた。しかもジョン・ブラウンと関係していた彼女は、ハーパーズ・フェリー襲撃事件後の家宅捜索で関与の証拠をつかまれていたはずだった。

それでも一八六〇年秋、彼女は救出作戦を実行することにし、久しぶりにドーチェスター郡に潜入した。ところが、悲しい現実が待っていた。しばらく前にレイチェルは亡くなっていたのだ。そのうえ、彼女の二人の子供を救い出すこともできなかった。それは「三〇ドル足りなかった」からだと友人のエドナ・チェニーが書き残しているのだが、それが何のためのお金なのかわかっていない。いずれにせよ警戒が厳しくて、子供たちのことは二度と救いに来られないかもしれなかった。奴隷がじきに解放される夢を見た彼女は、彼らの未来に希望を持っていたはずだが、さぞ悔しかっただろう。

タブマンは悲しみにくれながらもその機会を無駄にせず、奴隷数人を逃がすために彼らと森で待ち合わせた。ところが、彼らはなぜか現れなかった。彼女は雪の中で朝まで待っていたという。夜には前が見えないほどの猛吹雪になり、彼女は木の後ろで風をよけ、身を守って生き延びた。

後にこの話をしたタブマンに誰かが、そのときは神などいないと思いそうにならなかったのか尋ねたところ、彼女はこう答えたという。「とんでもない！　神さまに気を配ってくださるようお願いしていたら、霜焼けを全然つくらずにすんだんですよ」。

タブマンは彼らの代わりに、赤ん坊がいるエナルズ家と他の一人の計六人を導くことにした（七人という説もある）。冷たい雨の中、夜明け近くに信頼できる黒人の家に着き、タブマンはドアをノックした。すると、白人が窓から頭を出した。以前住んでいた黒人は、逃亡奴隷をかくまったから追い出されたとのことだった。もうあたりは明るくなろうとしていた。急いでどこかに隠れなければならない。タブマンは沼地にある小島に皆を案内し、丈の高い草の間に伏せているように指示した。子供たちは体が濡れて冷えていたし、お腹を空かせていた。しかし白人に知られた以上、町で警戒が呼びかけられるのはまちがいないので、安易に動くわけにはいかなかった。

タブマンは祈りながら夜が来るのを待った。日が暮れる頃、クエーカー教徒の身なりをした男性が一人、沼のほうへのんびり歩いてきて、ぶつぶつ一人言を言い出した。タブマンは耳をそばだてた。彼は自分の馬と馬車がある場所をつぶやいていた。そこで、暗くなってからタブマンがその場所へ行ってみると、食料がたっぷり積まれた馬車が見つかった。タブマンはその馬車に全員を乗せて、信頼できるクエーカー教徒の友人がいる隣町へ向かい、事なきを得た。馬車と馬は恩人に返してくれるよう、友人に託した。恩人がどうやって彼女の隠れ場所を察知したのかは、タブマンにもわからなかったそうだ。どうやら地下鉄道の連絡網はまだしっかり機能していたようである。

警戒が厳しいため、そこから先もなかなか順調に進めなかった。森を一晩中歩かねばならないこともあった。タブマンは途中で協力者に子供たちと母親をかくまってもらい、男性二人だけを先にウィルミントンの手前にあるニューカッスルの協力者のもとへ連れていった。ウィルミントンへ入る橋は監視され、危険で渡れない状態だったのだ。彼女は協力者から資金をもらって子供たちのもとへ戻り、人を雇って馬車でペンシルベニア州チェスター郡へ運んでもらって、そこで男性二人と合流した。こうして一行は無事に逃げおおせたのである。これが、タブマンの車掌としての最後の救出となった。

彼女はこのとき、足に霜焼けを負っていた。それでも、カナダへ向かう途中でおそらくオーバーンに立ち寄り、両親に直接レイチェルの死を伝えただろう。結果的に彼女にとって、とてもつらい仕事になった。

翌年一月末、タブマンはニューヨーク州ピーターボロのゲリット・スミスの屋敷に滞在している。ゲリット・スミスは広大な土地を持つ裕福な白人の政治家で、下院議員を務めたこともある。ジョン・ブラウンを経済的に支援していた一人だ。この時期にスミスがサンボーンに送った手紙は、タブマンの話にも触れている。すでに彼女の父親のベンは片手が不自由になっていたという。

タブマンは後年、スミスの息子グリーンとその仲間が猟に出かけるときに誘ってくれたことがあると証言しているが、それはこの滞在のときだと思われる。彼女が靴がぼろぼろなので行けないと断ったら、青年たちはわざわざ村まで出向き、靴を手に入れて戻ってきた。その後一緒に出かけたという。奴隷救出の功績やサバイバルの知識によって、彼女は青年たちから敬意を抱かれていたのだろう。

ちょうどその頃、オーバーンに逃亡奴隷の追っ手が姿を見せ、何度か逃亡奴隷が捕らえられそうになる事件が起こった。そのためゲリット・スミスはただちにタブマンをカナダに逃がした。ジョン・ブラウンの協力者だったうえ、ここ二年ほど講演活動をしたせいで名前が広く知られるようになったので、奴隷捕獲人に目をつけられているはずだった。

実際、タブマンに懸賞金がかけられていたという説もある。タブマン自身が、自分に一万二〇〇〇ドルの懸賞金がかかっていると聞いたことがある、と証言しているのだ（現在の日本円で約四〇〇〇万円）。この手配書はいまだに見つかっていないが、ウィリアム・ロイド・ギャリソンにジョージア州議会から五〇〇〇ドルの懸賞金がかけられていたのだから、ありえない話ではない。

スミスがタブマンの身を危険だと感じた理由はもう一つある。リンカーンが大統領選挙で当選し、国務長官になることが内定していたスワードは、国の分裂を避けるために南部諸州に大幅に妥協する案を示していた。奴隷制廃止運動家たちはこれを裏切りとみなし、彼を信用しなくなったのだ。

しかしカナダへの逃亡は、彼女の意志に反することだったようだ。家族をオーバーンに残してきたからだ。おそらくセント・キャサリンズには長くとどまらなかったと思われる。彼女がスワードを裏切り者と考え、警戒していたという記録もない。

四月になり、弟ジェームズ（ベンジャミン）の妻キャサリン（ジェーン）と、その息子のイライジャがオーバーンの家に来て同居するようになった。理由は不明だが、少なくとも息子の教育は考慮していただろう（後にキャサリンは他の男性と再婚して家を出た）。窮屈になった家の中で、タブマンの母親リットはますます不満を口にするようになった。一家の食費もろくにない状態だったのだ。

スミスやサンボーンなど奴隷制廃止運動家たちは、寄付を募るなどしてタブマンを経済的に支援し続けていた。ただし一度に多く渡さず、一〇ドルや二〇ドルずつ渡すようにしていた。なぜなら彼女は自分より貧しい逃亡奴隷たちに求められれば、手元にあるだけ渡してしまうのである。それではいつになっても余裕のある暮らしはできない。

といっても、タブマンは決してお金に無頓着な人ではない。むしろ逆だった。この年、タブマンはセント・キャサリンズに逃亡奴隷の支援組織を立ち上げている。それまでハイラム・ウィルソン牧師が支援活動を率いてきたのだが、寄付金の使途に関して周囲から疑念を持たれ始めていた。レンガ造りの自宅の建設に寄付金の一部を流用したのではないかとも考えられていた。彼は長年にわたって自宅を地下鉄道の駅として解放し、逃亡奴隷に食料や衣服を提供してきたのであり、そのような人だからこそ人々は信用してまかせていたのである。

しかしタブマンは大目に見なかった。彼女は独自に逃亡奴隷支援協会を作り、心から信頼できる人物だけに運営を任せた。そのほとんどは逃亡奴隷だ。代表者にはチャールズ・H・ホールを据え、ウィリアム・ハッチンソンを会計係にした。そしてタブマン自身は委員会のメンバーの一人になった。

### 自由黒人の少女を「誘拐」

一八六一年から二年までのどこかの時点で、タブマンはメリーランド州に戻り、まだ一〇歳ほどの黒人少女をオーバーンに連れてきた。マーガレットというこの少女は、まるで「誘拐」のようにタブマンにふいに自宅から連れ出され、蒸気船に乗せられたという。

タブマンが恵まれない子供を連れて帰るのは珍しいことではなかったけれども、マーガレットの扱いは他の子供たちと違っていた。彼女はスワード長官の妻の姉であるラゼット・ウォーデンに預けられた。表向きはタブマンの姪ということになっていた。ラゼットはオーバーン郊外に自宅があったけれども、スワードがワシントンにいて不在のときはよく妹の家で家政の切り盛りを手伝っていた。しばらくするとマーガレットは、スワードの自宅で暮らすことになり、スワードの妻にも面倒をみてもらうようになった。

タブマンは本当に誘拐したわけではないだろう。親とは事前に話がついていたのだ。だが家が貧しいから救ったのではないようである。彼女の父親は自由黒人で、家にはぴかぴかの馬車があり、日曜日にはそれに乗って教会へ行ったとマーガレットが後に証言している。では彼女の教育のためだろうか。もしそのために北部に引き取ったのであれば、いずれは親元に返さなければおかしい。マーガレットは一生、南部には帰らなかった。

　マーガレットの娘であるアリス・ルーカス・ブリックラーが書き残したところによると、マーガレットの父親はタブマンの兄弟の一人で、マーガレットは双子であり、双子のもう一人は男だったという。もし本当に双子だったのであれば、なぜ彼女だけを連れてきたのだろう。両親は誰だったのか。

　タブマンの弟のジェームズ（ベンジャミン）にはメリーランド州に置いてきた妻と子供たちが何人かいたので、マーガレットはそのうちの一人だった可能性はある。彼女の母親が自由黒人と再婚したのかもしれない。だがほかにも子供はいたのに、なぜこの子だけを連れてきたのか。

図 12　マーガレットと娘のアリス。撮影年不明

　もしかしたらマーガレットは、タブマンの実の娘だったのではないかという説を唱える歴史家もいる。彼女はタブマンにとてもよく似ていたという証言があるのだ。

　タブマンが逃亡直前に出産し、奴隷の母親の子は奴隷になってしまうので出産の事実を隠したか、あるいは死産だったと嘘をつき、信頼できる自由黒人の女性に赤ん坊を託したのかもしれない。もしその女性もちょうど赤ん坊を産んだばかりであれば、双子ということにしても怪しまれない。あるいは地下鉄道の車掌になってから、なんらかのきっかけで妊娠し、南部に戻っているときに出産したが、逃亡奴隷の身では育てられないと思って誰かに預けたのかもしれない。マーガレットの死亡証明書にはボルティモア生まれと書かれているそうだ。

実の娘であれば、なぜマーガレットだけを特別扱いして裕福な白人女性に預けたのか説明がつく。預かったラゼット・ウォーデンとその妹は彼女を奉公人ではなく客人として育て、淑女としての教育を受けさせた。タブマンは戦争の惨禍から彼女を守りたかったのだろう。

もし実の子なら、なぜタブマンは奴隷制廃止後もそのことを公けにしなかったのだろう。理由はその子の父親にあるのかもしれないが、誰なのかはわからない。最初の夫のジョンは肌の色が明るく、マーガレットの肌も明るめの茶色だったそうなので、ジョンが父親という可能性もあるが、それなら両親の名前を伏せる必要はないだろう。

逃亡奴隷の女性は社会的に非常に弱い立場にあったので、その身にいつ何が起きてもおかしくない。キリスト教徒としてのタブマンが伏せておきたいような何かが、過去にあったのだろうか。これは永遠の謎である。

マーガレットは黒人なのに一人だけ裕福に暮らしていたせいか、他の親戚からしばしばねたまれたり悪口を言われたりして嫌な思いをしたようである。しかしタブマンの死後、オーバーンの公会堂に記念の金属プレートが飾られたとき、その除幕の役に選ばれたのはマーガレットの娘アリスだった（プレートは後にカユガ郡裁判所に移動）。いまだにマーガレットの存在は、タブマンの人生で最も不可解な部分とされている。

# 第7章　南北戦争でスパイとして活躍

あなたが蛇を殺すまで、蛇は繰り返すんですよ。リンカーンさんが知るべきなのは、このことなんです。

## 開戦直後の行動

一八六一年四月、南北戦争が始まった。北部では愛国心が盛んに呼びかけられ、市民は次々に北軍に志願した。政府を批判していた奴隷制廃止運動家たちも、いっせいに合衆国の旗のもとに馳せ参じた。反戦を掲げる平和主義者だったゲリット・スミスやウィリアム・ロイド・ギャリソンすら態度を変えた。タブマンは、この戦いは何年も続くことになると予想していた。開戦の知らせを耳にしたとき、彼女の脳裏にはかつて見た奴隷解放の映像がふたたびよぎっただろう。奴隷制の息の根を止めるのはこの戦争なのだと確信したにちがいない。同時に、ジョン・ブラウンの言葉もよみがえってきたのではないか。あくまでも急進的な行動を重視するブラウンは、初めて会った日にこう言っていたのだ。奴隷制とは戦争なのだと。

　戦争が始まってまもない四月半ば、メリーランド州でもめごとが起こっていた。メリーランド州は合衆国から脱退していなかったが、州内には南部に味方する市民が多くいた。そのため、北軍のマサチューセッツ州の連隊がワシントンＤＣを目指してメリーランド州を通過するとき、地元の暴徒に襲われたのだ。

　連隊がメリーランド州ボルティモアに着いたとき、約八〇〇〇人もの暴徒化した市民が兵士たちを取り囲んで野次を飛ばし、列車の進行を妨害した。当時、蒸気機関車は街の中を走ってはいけないという法律があったので、客車を馬が引いていた。連隊は列車を下りて徒歩で行進を続けようとしたが、暴徒は彼らに石やレンガを投げつけた。やがて暴徒数人が銃を発砲して兵士四人が倒れたため、連隊は銃で反撃し、一〇名あまりの市民が死亡することになった。

　それから一ヶ月の間に、北軍のベンジャミン・バトラー准将によって州都アナポリスもボルティモアも占領された（バトラーは少将に昇格した）。メリーランド州からは、近隣の州へ行って南軍に入隊した者が二万五〇〇〇人もいた。一方で、およそ六万人の州民が北軍の兵士として南軍と戦った。

　バトラー少将は次にバージニア州のモンロー砦の司令官に任命された。すでに多くの奴隷が周辺の農園から脱走してこの北軍の陣地へ逃げこんでいたが、当初、北軍は逃亡奴隷を追い返していた。逃亡奴隷取締法があったし、北軍の大義はまだ奴隷制との闘いではなかったのだ。その状況を変えたのは、一人の逃亡奴隷だったという。

北軍の重要な拠点だったこのモンロー砦に、ジョージ・スコットという奴隷が近くの農園から逃亡してきた。彼は逃げる途中で南軍が軍事拠点を二つ築いていることに気づき、モンロー砦で北軍の将校たちに報告した。実に細かいことまでよく覚えているので将校たちは驚き、一緒に確かめに行ったところ、彼の言うことは正しかった。そのため彼の情報はバトラー少将の次の作戦に生かされた。結果的にその作戦は失敗に終わったものの、このときバトラー少将は重要なことに気づいた。逃亡奴隷はスパイとして使えると。

それから、三人の奴隷がモンロー砦に逃げこんできた。するとバトラー少将は南部連合を外国とみなし、奴隷を戦時禁制品（コントラバンド）として差し押さえるというかたちにして彼らを迎え入れた。彼は戦前、敏腕弁護士だったのだ。バトラー少将はもともと奴隷制廃止論者ではなく、むしろ元奴隷を軍に入隊させることに懐疑的だった。しかし彼らの勇敢な戦いぶりを見て考えを改め、終戦後、黒人連隊の兵士に授与する銀のメダルを二〇〇個もティファニーに注文している。

図13　ベンジャミン・バトラー少将。1860年代前半

軍の記録によれば、開戦した三ヶ月後には一〇〇〇人を超える逃亡奴隷がモンロー砦周辺で

暮らしていた。逃亡奴隷は北軍から食料の配給を受けながら、いろいろな仕事をした。男性は塹壕や土塁を作り、女性は洗濯や料理などをした。北軍は彼らから地元の正確な情報を得ることもできた。

このような経緯で黒人スパイは数を増していき、たとえばノースカロライナ州だけで約五〇名が志願して活動をしていたという。戦時中の奴隷は農園から離れて南軍に奉仕させられることが多かったため、貧しいなりをした黒人が農園の外をうろうろしていても怪しまれなかった。家事をおこなう家内奴隷や御者は、南軍の将校の会話を盗み聞きして貴重な情報を北軍に伝えた。愚かにも南軍の将校たちは、黒人にこれほど難しい内容がわかるはずがないと信じていたのである。また、スパイではない奴隷たちが北軍の捕虜をひそかに救い出して逃がすこともあった。

大西洋岸の複雑な地形や潮の流れを知り尽くしていた逃亡奴隷たちは、南軍が灯台や標識を破壊していった後でも、北軍の艦船が安全に航行できるよう案内することもできた。川に南軍の機雷を設置させられた奴隷は、北軍の船に迂回するようこっそり教えたり、事前に除去したりした。

しかし、北軍に手を貸した疑いをかけられれば、奴隷は殺されることもあった。サウスカロライナ州ダーリントンの奴隷の少女は、北軍のシャーマン少将率いる旅団がやってきたとき、「神さまありがとう、北軍《ヤンキー》が来た」と叫んだだけで絞首刑にされたという。

自由黒人もまた、北軍のために活動していた。たとえばバージニア州のある自由黒人の家政婦は、雇い主の家から南軍の鉄の装甲艦の設計図を持ち出した。そして命がけでワシントンDCへ向かい、北軍の海軍長官に会うことに成功した。ちょうど同じような装甲艦を作っていた北軍は、彼女の情報により完成を急いだおかげで、二隻の損失ですんだ。

こうした黒人たちの功績を見て、ウェルズ海軍長官は元奴隷の入隊を許可した。すると一〇〇〇人を超える元奴隷たちが大西洋海上封鎖艦隊に参加した。この海上封鎖作戦（アナコンダ作戦）は、ミシシッピ川と南部の港湾を制圧することによって輸出入を妨害し、南部を経済的に弱体化させる作戦だった。

しかしウェルズ長官による元奴隷の入隊許可は、リンカーン大統領の考えに反するものだった。大統領は、南部連合に参加していない境界州が南軍の側に傾くことを恐れていたのだ。彼は奴隷の解放よりも、南北の統一のほうを優先していた。

そんななか、タブマンは何をしていたのだろうか。実は彼女が開戦直後にどこで何をしていたかについては諸説ある。さっそく北軍についてモンロー砦に行き、逃亡奴隷のために働いていたという説もあれば、メリーランド州に行ってマーガレットを連れてきたという説もあり、はっきりしていない。

## 北軍への奉仕を決意

一八六一年秋、北軍はサウスカロライナ州のポート・ロイヤル・サウンド周辺地域を掌握し、多くの奴隷を解放した。この地域にはヒルトン・ヘッド島などシー・アイランズの一部をなす島々が多い。シー・アイランズというのはサウスカロライナ州、ジョージア州、フロリダ州にまたがる大西洋沿岸に、一〇〇以上連なる島々の総称だ。ここでは主に米や綿や染料が栽培されていた。

北軍がこの地域を制圧したとき、肥沃な米や綿の農地と一万人ほどの奴隷を置き去りにして農園主や奴隷監督らが逃亡したため、北軍は奴隷を解放するとともに、土地の一部を黒人居住区に指定した。そこへ、北部の慈善団体が解放奴隷を支援するためにやってきた。医療や生活物資が送りこまれ、やがて学校が設立された。元奴隷たちは賃金をもらって農場で働きながら、北部から来た教師のもとで熱心に勉強した。これは「ポート・ロイヤル実験」と呼ばれ、大量の奴隷を解放した後に自立へ導くための方策が、ここで次々に試みられた。

この夏、解放奴隷を支援しに来た北部の慈善活動家のうち数名が、暑さや感染症で亡くなっている。この地域の白人農園主の多くはあまり農園に滞在せず、本土で暮らす者が多かったが、それはマラリアなどの感染症を避けるためでもあった。暑さに弱い北部の活動家にとっては過酷な仕事となった。

タブマンがそろそろ南部で北軍のために働こうかと考えていた頃、ウィリアム・ロイド・ギャリソンらの紹介でマサチューセッツ州のアンドリュー知事と面会することになった。知事は戦場での彼女の仕事について話し合いたいとのことだった。一八六二年一月、タブマンはボストンに行き、友人のエドナ・チェニーらに付き添われて彼に会った。

奴隷制廃止論者のアンドリュー知事は、普段からギャリソンなど主要な運動家と親しくしていたため、タブマンの地下鉄道での活躍については聞き知っていた。南部で地下鉄道の車掌という危険な仕事をしてきた彼女の経験や知識は、きっと戦場で役立つと考えたのだろう。また、カナダの逃亡奴隷たちの面倒をみてきたため、支援の経験が豊富なことも知っていたはずだ。その頃、一気に増えた解放奴隷の処遇が軍で大きな問題になっていたので、タブマンのような指導力に優れた黒人はまさにうってつけの人材だった。彼は北軍のために働くようタブマンを促した。

タブマン自身、新たに占領されたポート・ロイヤル・サウンド周辺地域で、自分にできることがあるのではないかと考えていた。バージニア州のモンロー砦のほうにはすでに北部から多数の人々が支援に来ていたからだ。

こうしてタブマンは、サウスカロライナ州に派遣されるマサチューセッツ州の連隊についていくことになった。しかし、すぐには南部に向かわなかった。ニューヨーク州に住む友人たち、つまりフレデリック・ダグラスやゲリット・スミスらに、別れの挨拶をして回った。

逃亡奴隷の彼女にとっては、噂でしか聞いたことがない深南部のサウスカロライナ州は、姉たちが売られていったかもしれない土地でもあり、おそらく反射的に恐怖を呼び起こすものだったにちがいない。しかも、そこは戦場だ。必ずしも北軍が勝つとはかぎらない。万が一、自分が戻ってこられなかったときに備えて、残していく家族のことを信頼の置ける人々に頼んでいったのだろう。また、国を二分する戦争への参加が現実味を帯びるにつれ、彼女はそれまでにも増して社会情勢や戦争の大義について真剣に考え、見識を広げたいと考えたはずだ。知識が豊富な友人たちに会ったのは、そのことについて意見を聞くためでもあったのではないか。

アンドリュー知事と面会した一月、タブマンはボストンの奴隷制廃止運動の集会にも出席した。作家のリディア・マリア・チャイルドが詩人のジョン・グリーンリーフ・ホイッティアに宛てた手紙には、タブマンがその集会でリンカーンを批判していた旨が書かれている。リンカーンが黒人の入隊を認めないことや、南部の奴隷をなかなか解放しないことに、いらだちを感じていたのだ。これはその手紙の一部だ。

彼女はときどき政治を語るのですが、その粗野な発言が政治家の構想よりも賢明なのです。彼女は先日、こう言っていました。「……リンカーンさんは偉い人で、私は貧しい黒人ですよ。でもこの黒人はリンカーンさんに、どうすればお金と若者を無駄にしないですむか教えられます。黒人を解放すればいいんです。えらく大きな蛇が床にいるとしましょう。蛇はあなたを嚙みます。皆、あなたが死ぬと思って怯えます。あなたは医者を呼んで、嚙まれた傷を切ってもらいますが、蛇はそこでとぐろを巻いています。医者が治療している間、蛇はまたあなたを嚙みます。医者はその傷も切るんですけれど、そうしている間に蛇がひょいと現れ、また嚙みます。あなたが蛇を殺すまで、蛇は繰り返すんですよ。リンカーンさんが知るべきなのは、このことなんです」。

タブマンはリンカーン大統領のやり方に不満があっても、彼の軍隊に奉仕することを改めて決意した。奴隷制をなくすために、この戦争に勝つことがいかに重要か理解していたのだ。出発する前、タブマンはエドナ・チェニーなど友人たちに相談し、オーバーンの両親が冬を越せるよう支援してもらうことにした。三〇ドルあれば冬を越せるはずだった。

こうしてタブマンは北軍のスパイ、看護師、そして解放奴隷の支援者として働くため、サウスカロライナ州のヒルトン・ヘッド島に新たに設置された北軍の南部軍管区司令部に向かうことになった。一八六二年春のことである。

タブマンは軍に奉仕した期間の大半を、この周辺地域やフロリダ州フェルナンディーナなど南部の大西洋岸で過ごすことになる。その間、軍の堅苦しい規律に盲目的に従うのではなく、自分の判断力を優先して信じるようにした。戦場ではちょっとした過ちで命を落とすことになりかねない。しかも南部に行けば彼女は、逃亡奴隷を逃がした犯罪者であることに変わりはなかった。

戦争が始まった当初、黒人は白人の召使いを除いて南部へ行ってはいけないことになっていたので、彼女はサウスカロライナ州へ召使いとして一人の紳士についていくふりをするように言われた。だが彼女はその決まり自体をおかしいと感じたし、その紳士にも違和感を感じたので、さっそく拒否している。そして一人でボルティモアへ行き、南部軍管区の司令長官になったばかりのデイヴィッド・ハンター少将に手配してもらって、アトランティック号という北軍の船を二日待たせ、それに乗りこんだ。

## 解放奴隷の世話と傷病兵士の看護

タブマンは名目上、ニューイングランド解放民支援協会のボランティアの一人として、解放奴隷のために働くことになっていた。スパイであることは隠さなければならないからだ。彼女がこれほど南へ行

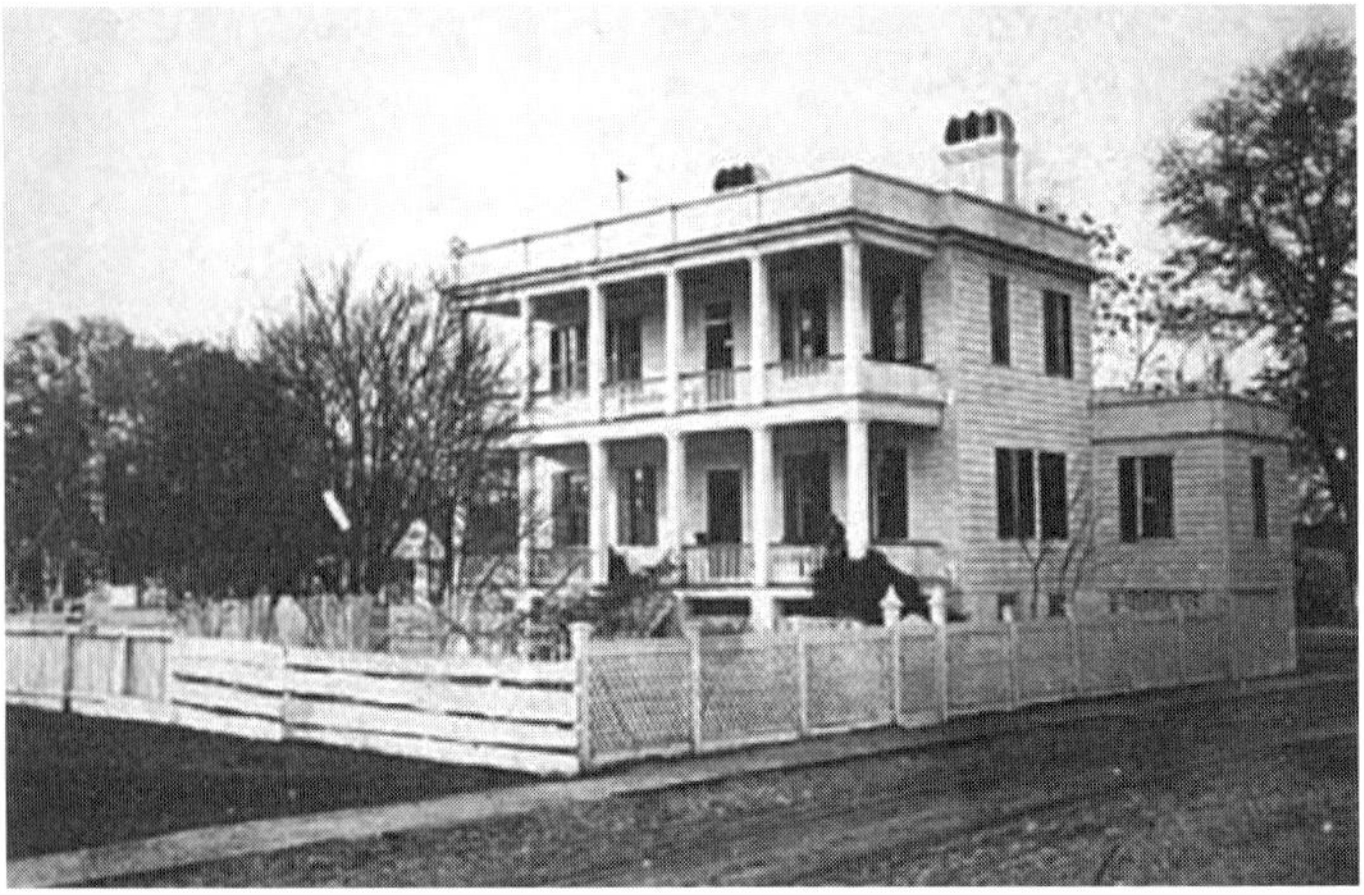

図14　ビューフォートの黒人用の病院。1863年頃

くのは初めてだ。沿岸地域は湿度も高い。長い間北部で過ごした彼女は、まだ春とはいえ蒸し暑さをかなり感じたはずだ。

到着して落ち着くと、まずポート・ロイヤルに近いビューフォートで北軍の兵士らに服や食料などを配布する仕事から始めた。彼女が地下鉄道の名高い車掌だという事実は軍の将校の間でよく知られていたので、将校たちは彼女に会うと帽子のつばを傾けて挨拶したという。

しだいに現場に慣れてくると、彼女は解放奴隷たちの生活の面倒を見るようになった。このときはカナダのセント・キャサリンズで逃亡奴隷の生活支援をしていた経験が役立った。

彼女にとっては、奴隷を救出する仕事よりも北軍の陣地で味方に囲まれながら働くほうが安心感を得られたのではないか。いまや地下鉄道の活動は以前にも増して危険な仕事になっていた。夜間にまで兵士がうろつくようになったいま、その中を見つからないように逃亡するのは非常に難しい。それでも、奴隷の逃亡の流れを止めることは誰にもできなかった。むしろ南北戦争が始まってから、逃亡する奴隷の数は増えていた。とくに境界州は南北戦争をめぐり州民の意見が割れて混乱しており、奴隷たちはそれを好機ととらえたのかもしれない。

タブマンは、政府からスパイの報酬として支払われた二〇〇ドルを全額投入して、「洗濯ハウス」を作った。地元の解放奴隷の女性たちに洗濯や裁縫やパン作りのやり方を教え、北軍の兵士たちのために働いて報酬をもらうことで、経済的に自立できるよう促したのである。戦時中に政府から彼女個人に支払われた報酬は、この二〇〇ドルだけで終わっている。

また、解放奴隷に美しい少女がいれば、その身を守るよう目配りもした。信頼できる付き添い人をつけて北部の支援者のもとへ確実に送り届けられるようになるまでは、軍の駐屯地にいるよりも農園の女主人のもとにとどまったほうがまだましかもしれないとすら考えていた。

ある医師はこう書き残している。「有色人種の女性は兵士らの野蛮な欲望の対象にされた――兵士というのは将校も一兵卒も含む……母親は娘を守ろうとするので手荒な仕打ちを受けた。現在（一八六二年一〇月）この小さな病院に、卑劣な要求に抵抗したせいで兵に撃たれた女性が数名いる」。ただしこの状況は、サクストン准将がサウスカロライナ州に着任したら改善された、とも綴られている。

さらにタブマンは地元の解放奴隷たちと積極的に話をして、北軍に協力するよう説得した。北軍の力で解放されたとはいえ、白人と見れば誰にでも疑いを持つ黒人はまだ多かったのだ。彼女はしだいに彼らの信頼を得ると、地元の人間しか知らない情報を提供してもらい、将校に報告した。

だが、地元の黒人が使う方言にはとまどった。南部なまりがある彼女ですら、最初は彼らが「何を言っているか全然わからなかった」と語っている。多くの小さな島々で形成されるこのシー・アイランズと呼ばれる地域は比較的閉鎖的な環境で、白人との交流もあまりなかったため、奴隷による独自の文化と言語が生まれた。彼らが話すクレオール言語はガラ語と呼ばれるが、ガラはアフリカのアンゴラが語源ではないかと言われている。歴史研究家のアレンによれば、たとえば「troot ma-wt」は「truth mouth（真実の口）」であり、それは「a truthful person（正直な人）」を意味するという。

当初はタブマンも、兵士と同じようにあらゆる物資や食品を配給してもらっていたのだが、解放奴隷たちに不公平感を持たれたのを知り、途中であきらめた。軍に提供する情報の収集をおこなううえで、黒人同士の信頼関係は何より大事だったからだ。

そこで、ビューフォートやヒルトン・ヘッドで物資を購入して兵士に転売したり、パイやジンジャーブレッドやルートビアを作って兵士に売ったりしてお金を稼いだ。やがて解放奴隷を雇って大量に作り、彼らに軍の駐屯地で売り歩かせた。さらに、タブマンはビューフォートで食堂の経営も始め、客に食事を提供した。ここでもまた解放奴隷の雇用を生んだわけだ。彼女自身も自力で生計を立て、親にも多少の仕送りをしていた。

タブマンはそうした仕事をするかたわら、看護師としても働くようになった。ともに治療にあたった軍医のヘンリー・K・デュラントは、彼女が献身的に兵士の世話をする様子をこう書き残している。

私はこの町や病院で「コントラバンド」を担当する軍医としての立場から、彼女の立ち居振る舞い、とくに病んで苦しむ同じ人種の人々に対する思いやりや気配りを目にする機会がふんだんにありました。彼女が広く尊敬の念を集めていることを、喜んで証言させていただきます。

看護師は傷病兵の身の回りの世話をするだけではない。負傷した手足を麻酔なしで切断する手術で、激痛に暴れる体を抑えつけておく力仕事もやる。兵士の「両腕を下に縛りつけて、口の中に弾丸を入れて」噛ませるのだが、兵士は叫んでのたうち回り、弾丸を噛み切ることさえあった。

しかし実際には、運ばれてくる患者は負傷者よりも、感染症や食中毒などにかかった病人のほうが多かった。軍の駐屯地は衛生状態が悪く、ノミやダニやシラミが発生し、水はしばしば汚染されているうえ、兵士の栄養もじゅうぶん足りているとは言えなかった。川や沼など水場が多い地形なので蚊や蝿も多かった。そのため天然痘、マラリア、赤痢、猩紅熱《しょうこうねつ》、腸チフス、黄熱病などが蔓延した。

川や沼が多い地形は、タブマンの生まれ故郷であるチェサピーク湾東岸地域に似ていた。そのせいか、彼女は黒人の間に受け継がれてきた、感染症によく効く薬草の知識を持っていた。薬草を見つけてきて煎じて兵士に与え、命を救ったこともある。いくら患者に触れてもなぜか彼女だけは感染しないので、誰もがその不思議な力に驚かされた。これはおそらく彼女が育った環境によって免疫をつけていたからだと思われる。彼女だけではなく、現地の解放奴隷たちもきっと感染しにくかっただろう。

スパイとして本格的に活動

南北戦争が始まった直後から、北部の黒人たちはペンシルベニア州ピッツバーグのハンニバル隊など、以前からあった黒人だけの民兵組織に結集して自主的に訓練し、次々に北軍に志願した。しかし入隊を拒否された。政府は黒人兵士をなかなか認めなかった。

フレモント少将が一八六一年八月、ミズーリ州で奴隷を解放する宣言を出した。するとリンカーン大統領は彼を解任し、北部の奴隷制廃止運動家たちを怒らせている。さらに翌年五月にハンター少将が管轄域内の奴隷を解放する命令を出すと、大統領はその命令を無効にした。

それでもハンター少将は黒人だけの連隊を組織しようと努め、さっそく第一サウスカロライナ義勇歩兵連隊が元奴隷で編成された。しかし政府の許可がもらえず兵士に給料を払えないため、結局は解散させることになった。

一八六二年七月、第二次財産没収法が成立し、逃亡奴隷を解放して軍務につかせることが可能になった。続いて八月にサクストン准将に対し、元奴隷による黒人部隊を五つ編成する権限が与えられた。解散させられた第一サウスカロライナ義勇歩兵連隊はただちに復活し、白人のトーマス・ウェントワース・ヒギンソン大佐が指揮官として一一月に赴任した（編成時はトロウブリッジ中佐が指揮したので、その後任）。この部隊は後に、第三三合衆国有色人種歩兵連隊と改称する。タブマンは数年前に一度、奴隷制廃止運動の集会でヒギンソンに会っているので、きっと再会の挨拶を交わしたことだろう。

図15　北軍の黒人兵士たち。1864年前後

ヒギンソンに続き、翌年一月にはジェームズ・モンゴメリー大佐が、同じく黒人連隊である第二サウスカロライナ義勇歩兵連隊を率いるためにやってきた。彼はかつてジョン・ブラウンの同志だった人物だ。だが最初は思ったほど黒人兵士が集まらなかったため、モンゴメリー大佐はいったんフロリダ州キーウェストへ兵を募りに出かけている。解放奴隷に北軍への入隊を促すのだ。

その後、ビューフォートに戻ってしばらくしてから、タブマンに会った。彼女のことはずいぶん前から耳にしていたはずだが、直接会ったのはこれが初めてだった。二人はすぐに共鳴し合った。黒人兵士とともに南部の奴隷所有者と戦って奴隷を解放することは、タブマンが敬愛するジョン・ブラウンがまさに望んでいたことだったし、モンゴメリーもまた彼に似て行動の人だった。

南部連合のジェファーソン・デイヴィス大統領は、黒人兵士を捕らえた場合には捕虜としては扱わず奴隷とみなし、白人の指揮官は処刑すると警告していた。この場合、奴隷とは反逆した奴隷を意味するのであり、実際には捕らえられたらすぐに殺されることも少なくなかった。一八六四年のテネシー州ピロー砦の戦いでは、すでに降伏したに等しい多数の黒人兵士を南軍が虐殺したと言われている。ただし、黒人捕虜を要塞の建設などの労働力として利用することも多かった。

二つの新しい黒人連隊は三月、フロリダ州ジャクソンビルへともに遠征した。第一サウスカロライナ義勇歩兵連隊約八六〇人と第二サウスカロライナ義勇歩兵連隊約一二〇人だ。ヒギンソン率いる第一連隊のほうは、約半数の兵士がすでに初めての戦闘を体験していた。一月に、ジョージア州とフロリダ州の州境になっているセント・メアリーズ川周辺を急襲したのだ。

一方で第二連隊のほうは、ろくに訓練もできていなかった。それどころか武器も持っていなかった。フロリダ州フェルナンディーナまで行ってからようやく銃を支給されたのである。ついこの前まで農園で働いていた兵士たちの不安は、そうとうなものだっただろう。ともあれ彼らは翌朝早く、短時間のうちに銃の訓練を受けた。そして、現れた敵に立ち向かったのである。

といってもジャクソンビルでは、味方の砲艦からの砲撃に助けられ、小競り合いはあったものの大きな戦闘にならずにすんだ。だが、チャールストンを攻略する計画を立てていたハンター少将に、黒人連隊は勇敢だと報告することができた。

部隊がこのように遠征して戦うときは、洗濯人や料理人や看護師として女性たちがついていき、後方支援をおこなった。そして黒人兵士の世話は黒人女性がするので、タブマンもしばしば黒人連隊に付き添って看護師や料理人として戦場で働いた。これは第二連隊の元奴隷たちにとって初めての戦闘だったので、彼女も心配してついていった可能性がある。

黒人連隊が次々に編成されると多くの黒人が入隊し、合衆国有色人種軍（ＵＳＣＴ）という総称で呼ばれた（先住民やアジア系住民もいた）。連隊が有色人種だけで編成されたのは、白人兵士が一緒に戦うことを拒否したからだ。ただし連隊の指揮官だけは白人と決まっていた。

戦争終了までに、約一八万六〇〇〇人の黒人が入隊した。南部で解放された奴隷だけでなく、北部から来た黒人も含まれる。それ以前から白人と偽って入隊していた混血のムラートまで入れれば、その数はもっと多いだろう。彼らはたとえ白人兵士より給料が少なくとも優れた戦いぶりを見せ、しばしば白人連隊よりも大きな戦果を上げた。黒人兵士の戦死者は四万人をかぞえ、その死亡率は白人兵士より三五％も高かった。

南軍のほうに正式な黒人兵士はいなかったが、奴隷を徴用して軍の雑用をさせたり、建設作業場や工場や病院で働かせたりしていた。そのため白人農園主の中には、所有する奴隷が徴用されないように疎開させる者もいた。

黒人の入隊が正式に許可されてからは、タブマン自身も少しずつスパイとして軍に貢献するようになった。北軍がまだ占領していない内陸の地域まで潜入し、南軍の動きを探るのである。また、地元の地理に明るい黒人たちを味方につけて彼らをスパイにし、協力して活動した。たとえば船で作物を運ぶ仕事をしたことがある元奴隷は、北軍の船の水先案内人になることができた。

一八六三年一月には、タブマンをリーダーとする一〇人ほどのスパイ・チームに対して、政府から一〇〇ドルが支払われている。情報提供者への謝礼などに使うための、スパイ活動の資金だ。彼女の手元にはほとんど残らなかったと思われる。

この頃、タブマンは持ってきた私物をすべて失った。ビューフォートから一時的に撤退しなければならなくなったとき、荷物が行方知れずになったのだ。「衣類を全部荷造りして、他のものと一緒にヒルトン・ヘッドに送ったのですが、その後どこへいったかまったくわからないのです」と、サンボーンへの手紙には書かれている。もちろん誰かに頼んで書いてもらった手紙だ。戦地の混乱ぶりがうかがえるエピソードである。つねに経済的に苦しい状態で、しかも女性のための物資が乏しい戦地で身の回りの物をすべて失ったことは、大きな痛手だったにちがいない。

## コムビー川襲撃作戦に参加

一八六三年六月、タブマンはコムビー川襲撃作戦に参加した。ビューフォートから二〇キロほど北で蛇行するコムビー川を約四〇キロさかのぼり（直線距離では約二〇キロ）、コムビー・フェリーという船着き場を襲撃する作戦だ。

そこはチャールストンやサヴァンナへ向かう道と川が交差する要所であり、しかもその道は北軍の南部軍管区司令部がある地域にもつながっていたことから、南軍の手で砲台のある要塞が築かれていた。川下からそこまでさかのぼる途中の岸辺にも、いくつか小さなトーチカや砲台や塹壕が作られていた。

ただし感染症が蔓延する夏の間だけ、南軍の部隊は川から離れた大きな陣営に退き、騎兵の見回りと哨兵の見張りに頼っていた。ゆえにこのとき、川の周辺にある南軍の施設には少数の兵士しかおらず、手薄な状態だった。

南軍のリー大将はサヴァンナとチャールストンを結ぶ鉄道を死守しなければならないと考えていたため、大きな駐屯地は鉄道線路沿いに設置していた。したがってコムビー・フェリーからいちばん近い駐屯地のグリーン・ポンドでも一〇キロは離れており、この急襲に迅速に対応することができなかった。

当時、北軍の南部軍管区司令部は、広い視野で見ると南軍に囲まれている状態だった。南側のサヴァンナは、海上封鎖はしたものの街そのものは陥落していなかったし、北側のチャールストンも、この二都市を結ぶ鉄道も、まだ掌握できていなかったのである。しかし大西洋海上封鎖艦隊の補給基地として、またチャールストン港を攻略する足がかりとして、北軍はこの司令部をどうしても失うわけにはいかなかった。

六月一日夜、モンゴメリー大佐率いる第二サウスカロライナ義勇歩兵連隊約二五〇人、タブマンらスパイ・チーム数人、第三ロードアイランド重砲兵部隊C中隊約五〇人の総勢約三〇〇人が、ジョン・アダムズ、ハリエット・A・ウィード、センティネルという名前の三隻の蒸気小砲艦に乗りこみ、暗闇の中を出ていった。タブマンのスパイ・チームの黒人男性らは、大半が地元の農園から逃亡してきた元奴隷で、地元の地理に明るいため水先案内人を兼ねていた。彼らは機雷の場所を突きとめていたので、船をうまく迂回させた。

図16　ジェームズ・モンゴメリー大佐の肖像画。制作年不明

モンゴメリー大佐とタブマンは先頭のアダムズ号に乗っていた。タブマンの右腕のプラウデンも一緒だ。タブマンがスパイ・チームで最も優秀と認めていた黒人である。アダムズ号はもともとボストンの古い客船だったのを船艦に改造したもので、一〇ポンドと二〇ポンドのパロット砲と、榴弾砲を装備していた。ウィード号にはカノン砲二門だ。

　夜で視界不良だったせいか、まもなくセンティネル号が座礁してしまった。そこで急遽、センティネル号から他の二隻に兵と物資を移したため、予定より時間に遅れが出た。それから改めて二隻はコムビー川をゆっくりとさかのぼった。川上に向かいながら、途中で南軍のトーチカや砲台があればそこに兵の一部を下ろして敵を退け、周辺を占領していく作戦だ。

　午前三時頃、川岸のフィールズ・ポイントにいた南軍の哨兵が、初めて北軍の小砲艦を発見した。続いて兵が一〇名ほど上陸してくるのを見て内陸へ後退し、一人が一五キロほど北にある仮設駐屯地へ報告に走った。二隻の小砲艦は兵を残してさらに進み、ター・ブラフに無人の砲台があるのを見つけると、ここにも兵の一部を下ろして占領させた。

　次に停まったのは、ニコルズ家の米の大農園だ。あたりはしだいに明るくなり始め、広大な水田から霧が立ち昇っていた。農園で働く奴隷たちはちょうど朝食を終えて仕事場に向かうところだった。モンゴメリー大佐はふたたび一部の兵士を下船させた。兵士らが農園を川上のほうへ進む途中で、少数の南軍兵士による反撃を食らったが、犠牲者を一人も出さずに追い払うことができた。

## 多くの奴隷を解放

アダムズ号は汽笛を鳴らした。聞き慣れない音が農園に響きわたるのを耳にした周辺の奴隷たちは、合衆国の旗がひらめく船を見つけると、農具を捨てて走り出した。奴隷監督たちは奴隷を引き止めるため、北軍に売り飛ばされるから森に隠れろと叫びつつも、逃げ出した。

船から下りて農園を襲撃していたアプソープという部隊長は、奴隷たちの様子をこう証言している。「彼らは大喜びで走り寄ってきて、感謝の言葉でこちらを圧倒させるほどでした。〝神のお恵みを、旦那〟と叫びながら、多くの者は黒い頬に涙を流して、我々の手や膝や服や銃にしがみついてくるのです。〝あなたに神のお恵みを。長い間、あなた方がきっと来てくれると信じて祈っていたんです。ああ旦那、ありがたいことに、ようやく来てくれた！〟」。

タブマンはこの模様を、ブラッドフォードによる伝記の中で次のように描写している（引用文に登場するボーリガードとは南軍の将軍で、ジェフ・デイヴィスは南部連合の大統領だ）。

「あんな光景は見たことないです」とハリエットは言った。「私らは笑いが止まりませんでした。ほら、女が頭の上に鍋をのせてる。火にかけていたのを持ってきたばかりだから、中の米が湯気を立ててるんです。子供が一人、片手で女の後ろからしがみついて、もう片方の手を米の鍋に入れて必死に食べていました。女のワンピースにはほかに二、三人がくっついていて、背には豚を入れた袋が下がっていて。一人の女は豚の黒いのと白いのを一匹ずつ連れてきました。皆、乗せましたよ。それで白い豚にはボーリガード、黒い豚にはジェフ・デイヴィスって名前をつけたんです。双子を首からぶら下げてやってくる女たちもいました。あれほどたくさんの双子は見たことがないような感じでした。袋を肩にかけて籠を頭にのせて、後ろには子供たちが引っついてるんですよ。全員を船に乗せました。豚はキーキー鳴くわ、鶏はギャアギャア鳴くわ、子供たちはわめくわでね」。

彼らはこのようにして小砲艦に押し寄せてきた。岸に立ち、小さなボートが岸から離れていこうとすると、皆いちどきに乗りたがった。満員になってもなおしがみつくので、ボートは岸を離れることができない。漕ぎ手に手をたたかれても、彼らは放そうとしなかった。小砲艦に置いていかれるのではないかと恐れていたのだ。誰もが救いの方舟を確保したがった。

このとき、混乱したありさまを見たモンゴメリー大佐がタブマンを呼び、「モーセ、ここに来て君の仲間たちを落ち着かせる言葉を一つ頼むよ！」と言っている。友人のエマ・P・テルフォードもコムビー川の襲撃について語ったタブマンの証言を書き残しているのだが、タブマンはモンゴメリー大佐に人々を落ち着かせるよう頼まれたとき、こんなふうに思ったそうだ。この人たちのことは彼と同様、私だって知らないのだから、この黒人たちが自分の仲間でないという点でも彼と変わらない。ただ皆が黒人というだけだ。

このときは彼女が、南部の黒人よりも北部の白人のほうに近い視点を持っていたことがわかる。地下鉄道の車掌よりも北軍の軍人としての自覚が勝っていたのか。それとも黒人なら誰でも同じようなものとみなしているらしいモンゴメリー大佐の見方に対する反発だろうか。おそらくその両方がないまぜになっているところに、この地域の黒人の言語や文化が予想以上に異質だったことに対するとまどいも加わった、複雑な気持ちだったのだろう。

タブマンは船上から奴隷たちのことをただ見つめていた。だがしばらくすると、朗々と歌をうたい出した。すると黒人たちは熱狂し、彼女が一節うたい終えるたびに諸手を挙げて「ありがたや《グローリー》」と叫んだ。その隙に、ボートは船に向かって漕ぎ出した。

北軍の兵士たちは米を蓄えてある納屋や精米施設や家屋に火を放ち、水門を破壊して水田に水をあふれさせて台無しにした。この肥沃な土地は国内有数の穀倉地帯であり、南部連合の資金源でもあった。ゆえに南軍に経済的な打撃を与えようと、作物まですべてだめにしようとしたのだ。

あまたいる奴隷たちを全員乗船させるために、コーウィン少佐率いるウィード号をそこに残し、モンゴメリー大佐のアダムズ号はさらに川上へ向かった。そして午前六時半頃、コムビー・フェリーに近づいた。ここを守っていた南軍の哨兵は最も近い駐屯地グリーン・ポンドへただちに伝令を送り、自分たちは馬で舟橋を渡って防壁の向こうに隠れた。北軍は一部の兵を下船させてその橋を破壊した。アダムズ号はさらに上流を目指して進んだが、まもなく障害物に阻まれてUターンせざるをえなくなった。

一方、北軍の上陸を知らされた南軍の騎兵があわてて現場の視察に出かけて状況を把握し、その情報をグリーン・ポンドにいるエマニュエル少佐に伝えたときには、すでに朝七時になっていた。しかもこの少佐は不運なことに、現地の地理に明るくなかった。

南軍の兵士、農園主、奴隷監督、この全員が逃げ去ったわけではない。一部は森の中に隠れて様子をうかがったり、奴隷たちを隠して逃亡を防いだり、近くの農園に警戒を呼びかけに行ったりしていた。奴隷が北軍の船に向かって走っていけば銃で撃つこともあり、そのせいで奴隷の死傷者が出た。

北軍は周辺の農園も襲撃して略奪し、奴隷小屋以外のすべての施設に火を放ち、水門を開けて田や畑を水浸しにし、水路を破壊した。その後、歩兵連隊の一部が農園の襲撃を終え、解放奴隷を連れて船に向かって行進していたところ、南軍の少数の兵がいきなり現れ、銃撃してきた。しかし黒人兵士たちは果敢に反撃し、アダムズ号も援護砲撃したため、南軍はすぐに撤退した。

やがて近隣の南軍の駐屯地から約二五〇人の兵が列車でグリーン・ポンドへ応援に駆けつけた。だが、もう午後二時を回っていた。現場を偵察したら、すでに何もかも終わっていたのである。

奴隷や家畜を乗せてアダムズ号は川を下り、ウィード号と合流した。満杯のウィード号に乗れずにいた奴隷たちをここでアダムズ号に乗せ、川を下りながら途中で置いてきた兵たちも乗せ、二隻は帰路についた。途中、占領したはずのフィールド・ポイントで味方が南軍の反撃を受けそうになっていたため、

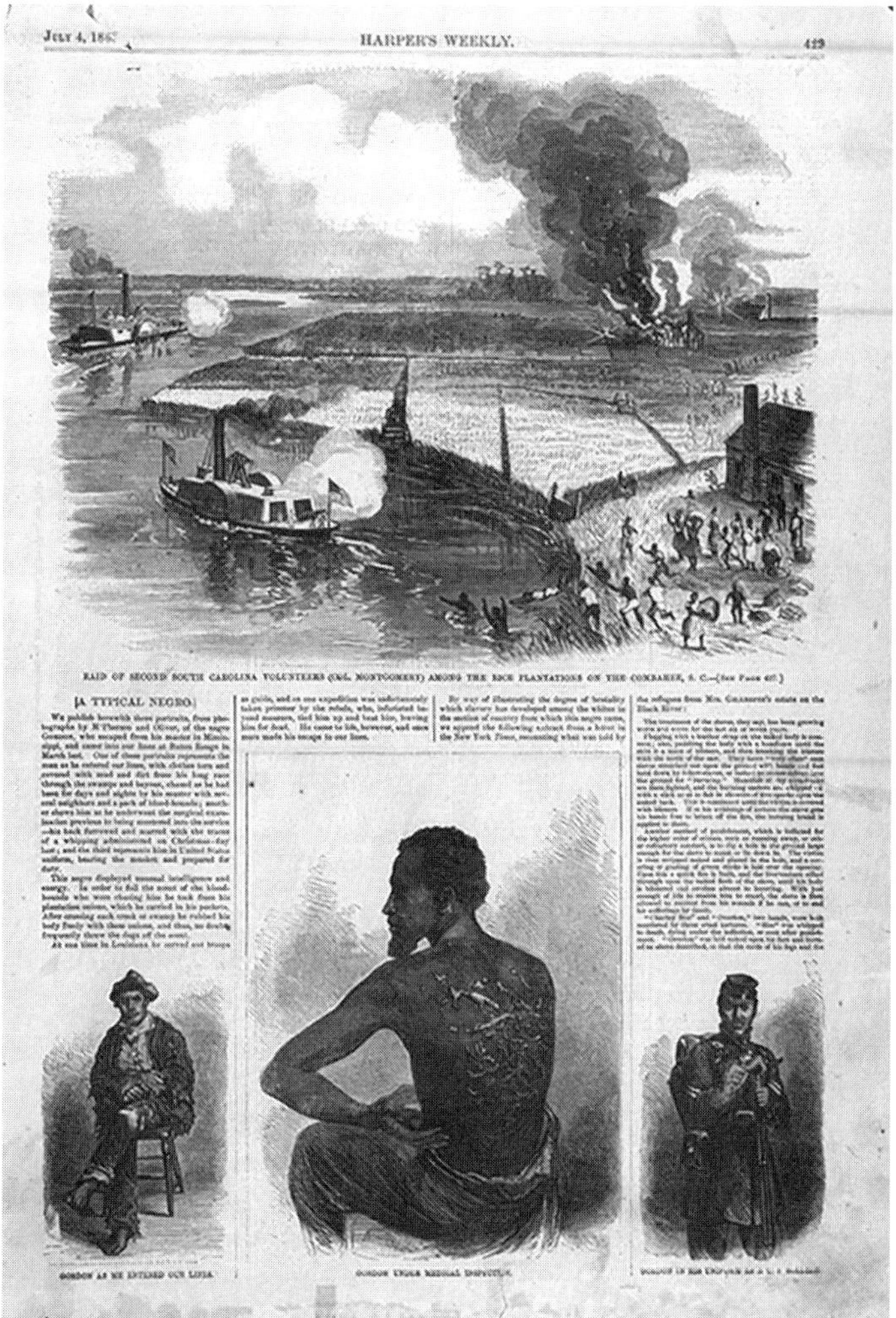

HARPER'S WEEKLY.

RAID OF SECOND SOUTH CAROLINA VOLUNTEERS (COL. MONTGOMERY) AMONG THE RICE PLANTATIONS ON THE COMBAHEE, S. C.—(See Page 427.)

A TYPICAL NEGRO.

GORDON AS HE ENTERED OUR LINES.

GORDON UNDER MEDICAL INSPECTION.

図 17　コムビー川襲撃の様子と北軍に入隊した元奴隷について伝える『ハーパーズ・ウィークリー』誌の記事。1863 年

図 18　北軍に解放されたビューフォートの奴隷たち。1862 年

ウィード号が初めて砲撃をおこない、敵を蹴散らした。

夕方五時、コムビー川を出る頃から雷雨になった。視界の悪いなか、速度を落として慎重に進んだため、ビューフォートに帰り着いたときには翌日になっていた。

### 襲撃作戦の後日談

こうして襲撃作戦は成功をおさめた。コムビー川周辺の農園や水田を壊滅させて家畜や作物を獲得し、子供を含む約七五〇人の奴隷を解放して連れ帰った。そのうえ北軍に犠牲者は一人も出なかった。主に黒人兵士によって一度に大量の奴隷が解放されたこの作戦は、長く語り継がれることになる。

このとき解放された奴隷たちは、ひとまず教会に収容された。集まった彼らの前で、モンゴメリー大佐とタブマンが演説をおこない、北軍への入隊を促したところ、約一五〇人の男性が登録した。

女性や子供や高齢者はどうしたかというと、農園主が放棄した土地に居留地がもうけられ、そこで生活した。ときどき他の地域で解放された元奴隷もそこに加わり、綿花やジャガイモやピーナッツを栽培しながら子供たちを育てた。病院で看護にあたる女性もいた。ただし与えられた小屋は四つの部屋に分けられていて、各部屋に一家族が全員入るという非常に狭苦しい状態だった。

その後、『ウィスコンシン・ステイト・ジャーナル』紙が名前を伏せたかたちでタブマンの功績を賞賛したのに続いて、奴隷制廃止運動の新聞がタブマンの名前を出して称えた。しかし、主要な新聞はモンゴメリー大佐だけに注目し、タブマンと黒人連隊を無視した。有色人種だからだろう。彼女はサンボーンへ送った手紙の中で、私たち有色人種も称賛される資格があると思わないかと尋ねている。

さらにタブマンは、「ブルーマー・ドレス」が必要であることを仲間の女性たちに伝えてくれるようサンボーンに頼んでいる。ブルーマーというのは、アメリア・ブルーマーというフェミニストが雑誌に掲載して広めた服で、とび職のニッカズボンのように裾を絞った太いパンツの上に短めのスカートを重ねて女性らしく見せた、当時としては革命的なデザインのドレスだ。これは決して一般には流行しなかったのだが、南北戦争中、一部の看護師の女性たちに採用された。かつて日本の小学校で女子用体操服として使われていたブルマーの語源である。ただし考案者はブルーマーではない。

戦場を走り回る看護師だったタブマンにとって、これこそ活動的で便利な服だと思えたのだろう。彼女の手紙にはこうある。

図 19　マスケット銃を持つハリエット・タブマンの木版画。

私はコムビー川への最近の遠征でボートに乗るとき、体が弱っている女性のために二匹の豚を運んでいました。彼女は子供を抱えていたのです。そこへ〝大至急〟という命令が出たので走り出したのですが、ドレスがちょっと長すぎるものだから裾を踏んで転んでしまい、スカートが裂けて落ちそうになりました。だからボートに乗るときには、ずたずたの切れ端以外ほとんどないも同然になったのです。そのとき、こういう遠征がまたあったら裾の長いドレスは絶対に着ないで、できるだけ早くブルーマーを手に入れようと決めました。

これに対しサンボーンは、彼女が新しい服を送ってもらったとしても、着る服もない貧しい人がいれば、それさえもすぐ渡してしまうだろう、とコメントしている。

凱旋の直後の六月五日、作戦成功の喜びに浸る間もなく、タブマンはある裁判に証人として出廷している。被告はウェブスターという一兵卒の白人男性で、容疑は横領だ。彼はビューフォートにいる解放奴隷に軍の食料や物資を配給する仕事をしていた。ウェブスターはタブマンとプラウデンに、売ってはならない軍の配給品である砂糖を売った。そうとは知らないタブマンたちは、彼から買った砂糖をビューフォートのあちこちで転売しようとしたため、盗んできたのではないかとある店の主人から問い詰められた。その後、ウェブスターは主人の前で、たしかに自分が売ったと告白した。

タブマンはすぐにサクストン准将に報告し、ウェブスターは裁判にかけられた。彼女は階級が高い将校にも容易に面会できたのである。こうして、黒人の証人が証言台に立つだけでなく白人の被告に不利な証言までするという、この時代の南部ではありえないような光景が繰り広げられた。結果、ウェブスターは有罪になり、六ヶ月の無償労働を命じられた。

しばらくして、モンゴメリー大佐が軍で批判にさらされることになった。一般市民の家や農園に対する襲撃や放火や略奪は、南軍から野蛮な行為とみなされ、当時この地域の防衛を司っていた南軍のボーリガード大将らを激怒させていた。モンゴメリー大佐は、南部に経済的損失を与えれば与えるほど戦争を早く終わらせることになると考えていたのだが、やがて北軍の中にも批判する者が現れたのである。

ヒギンソン大佐は母親宛ての手紙に、彼の盗賊のようなやり方は黒人兵士の名誉を傷つけ、北部で反発を招くことになるだろう、と書いている。とはいえヒギンソンもセント・メアリーズ川周辺地域を襲撃したとき、民家からピアノを運び出して黒人学校に寄付したことがあるのだが。

ロバート・グールド・ショー大佐は映画『グローリー』（ズウィック監督、一九八九年）の主人公になった人だが、彼はモンゴメリー大佐がコムビー川の襲撃から凱旋したその日に、伝説の黒人部隊である第五四マサチューセッツ義勇歩兵連隊を指揮するためにビューフォートにやってきた。彼は手紙の中でモンゴメリー大佐の軍への貢献を称賛する一方で、彼を「ゲリラ兵」と評している。

作戦の一週間後、ハンター少将はモンゴメリー大佐に対し、戦闘では適切な行動をとるよう指令を出した。しかしこの二日後、モンゴメリー大佐とショー大佐がともに黒人連隊を率いてジョージア州ダリエンに遠征したとき、モンゴメリー大佐はまた同じことを繰り返した。彼がいかに南部の奴隷所有者とその富を軽蔑しているか、ショー大佐は目の当たりにすることになった。タブマンはこのときは同行せず、コムビー川周辺から連れ帰った解放奴隷たちの面倒を見ていた。

ここに至って南軍のボーリガード大将は、ハンター少将の後を継いで南部軍管区司令長官になったギルモア准将に対し、問い合わせの手紙を出している。「最後に、私の務めとしてお尋ねする。ダリエンとブラフトンの無防備な村の炎上とコムビー川流域の荒廃をもたらした行為を、あなたが正規の戦闘手段とみなし、今後もそれを用いることを認められているとお考えなのかどうか」。

## 優れた軍師タブマン

コムビー川襲撃作戦を成功させるうえで、タブマンはどう貢献したのだろうか。タブマンの活躍を称えた『ウィスコンシン・ステイト・ジャーナル』紙（六月二〇日付）には、「襲撃を指揮した黒人女性」、「作戦は彼女の発案から始まり、実施された」などの記述が見られる。それから別の新聞に、これは黒人であれ白人であれ女性が指揮したアメリカ史上唯一の戦闘だという記事が掲載された。そして二一世紀の現在ですら、タブマンはアメリカ史において軍の遠征を指揮した初めての女性とする記述がしばしば見られる。

しかし、襲撃の当事者である兵士やモンゴメリー大佐の日記には、この作戦の日の記述にタブマンのことは出てこない。彼女が黒人女性だから軽視されたのだろうか。というよりも、彼女が活躍したのは作戦当日ではなく、その前の準備段階だったからではないだろうか。作戦の実行を司令官として指揮したかのような話は、最初に彼女のことを称えた新聞記事が誇張された結果だと思われる。そもそもタブマン自身が、コムビー川の襲撃に行ってくれとハンター少将に言われたので、モンゴメリー大佐が指揮するなら行くと答えた、と語っている。

タブマンは事前に周辺の農園に潜入して偵察し、奴隷たちと接触し、重要な情報を軍にもたらしたのだろう。地元の奴隷たちは最初のうち、北軍の兵士のことを「北軍《ヤンキー》の白いの《バクラ》」と呼んで、南部の白人同様に恐れていたので、黒人の誰かが事前にきちんと説明していないかぎり、北軍の旗を見ただけで駆け寄ってくるとは思えない。農園の奴隷たちは北軍の船が救いに来てくれることをあらかじめ聞かされていたのだ。

先ほどの新聞には、タブマンは戦争中、何度も「敵の陣地に入りこんで状況を把握」したと書かれている。もちろん彼女が敵陣に潜入して調査したという事実は軍の記録にはなく、証言だけだ。スパイ活動は基本的に記録を残さない。くわえて黒人のスパイたちは、戦争が終わってからもスパイとして働いた事実をおいそれと口にできなかった。南部出身の白人による暴力の犠牲になる危険があるからだ。

しかし、マーガレットの娘アリスがこんなエピソードを語っている。アリスがオーバーンのタブマンを訪ね、屋外に出たとき、草むらで何かがこちらに近づいているのに気づいた。よく見ると、それは蛇のようにほふく前進しているタブマンだった。戦争中に多くの歩哨のそばをすり抜けたときの様子を、実演していたのである。

いずれにせよタブマンと、彼女が集めてきた元奴隷やスパイの人脈から重要な情報がもたらされ、それが実行の日程を含めてコムビー川襲撃作戦の立案に役立てられて、成功の鍵を握ったことは確実だ。彼らは機雷の位置を突きとめ、船が安全に航行できるよう水先案内もした。ハンター少将やサクストン准将やヒギンソン大佐が書いた手紙には、作戦成功の立役者としてタブマンの名前が挙げられている。

おそらく彼女は、コムビー川周辺にいる南軍の兵のほとんどが六月にはグリーン・ポンドに引き揚げ、トーチカや砲台が手薄になると知り、それを確かめたうえで、いまこそ襲撃のチャンスだと作戦を提案したのだろう。そして作戦当日もモンゴメリー大佐の近くでアドバイスを続け、黒人兵士にもアドバイスをした。つまり将ではなく軍師だ。

この時代の兵士が女性の意見に従うわけがない、という疑念を持たれるかもしれない。しかし元奴隷の黒人兵士にとってタブマンは、妻子の生活の面倒までみているリーダーであり、なおかつ命がけで奴隷を救出したモーセと呼ばれる伝説の女性だったことを忘れてはならない。さらに言えば、北軍に入隊した黒人兵士の中にすら、白人には誰であれ根強い反感を抱いている者は珍しくなかった。

日記ではタブマンを無視していたモンゴメリー大佐だが、コムビー川から凱旋した後、南部軍管区を統括するハンター少将がギルモア准将に交代すると、さっそくギルモア宛てにこんな手紙を書いている。「ハリエット・タブマン夫人を推薦したく存じます。並外れて優れた女性であり、スパイとして貴重です」。さらにプラウデンのことも「試練に耐える勇気を持つ男」であり「かなり役に立つ」とほめている。サクストン准将も同じ手紙に、タブマンに対するモンゴメリー大佐の評価を裏づけることを書き加えている（プラウデンについては書いていない）。

タブマンは北軍の将校から情報源として期待されていた一方で、元奴隷の男女からも信頼されていた。奴隷は北軍に逃げてくると、まずタブマンを見つけて北軍に役立つ情報を何でも話すよう指示されたという。彼女のほうも、逃亡奴隷の全員に必ず直接会うようにしていた。そして情報を聞くだけでなく、新たな生活をどこでどのように送ればいいか助言をし、衣食住に困らないようあれこれ気を配ったと思われる。

タブマンからサンボーンへの手紙にはこう書かれている。

内陸から来たほとんどの人たちが極貧で、裸同然です。私は政府の負担ができるだけ軽くなるよう、働ける人にはその場を見つけてくるようにしているし、可能なかぎり彼らの生活の面倒をみるようにしています。同時に彼らのほうは、自分で生計を立てることで自尊心を持つことを学ぶのです。

彼女はこんな母親のような存在でありながら、階級の高い将校たちとも親しかったため、元奴隷たちから畏怖の念を抱かれていた。こういう人物はほかに誰もいなかった。彼女はただのスパイではなく、言わばスパイ部隊の隊長であり、黒人コミュニティの指導者でもある人物だったのであり、貴重な草の根の情報を誰よりも多く握っていたのだ。

# 第8章　看護師としての奉仕

稲妻が見えたと思ったら銃撃で、雷鳴が聞こえたと思ったら砲撃で、雨音が聞こえたと思ったら血が流れる音でした。

## 激しい戦闘の後方支援

タブマンは一八六三年七月一八日、サウスカロライナ州モリス島の第二次ワグナー砦の戦いで後方支援をおこなった。この戦闘はチャールストン攻略のためにおこなわれ、多くの犠牲者を出したことで知られる。

このとき、黒人連隊である第五四マサチューセッツ義勇歩兵連隊が、突撃の先陣を切ることになった。南北戦争の大きな戦闘で黒人連隊が先陣を担うのは初めてだ。これは名誉なこととされていたが、海に面したワグナー砦に到る経路は狭く、一度に多人数で近づくことはできないため、先頭にいる者が南軍に狙い撃ちされるのは明らかだった。しかし作戦を指揮するストロング准将から先陣を務めるか尋ねら

図 20　ロバート・グールド・ショー大佐。1863 年

れたとき、連隊の指揮官であるショー大佐は迷わず承諾した。

それまで黒人兵士は北軍の中ですら差別を受けていた。給料は白人兵士より少なかったし、キャンプ地では白人と別の場所に隔離されていたし、大きな戦闘には参加させてもらえないか、後方に追いやられ、雑用や力仕事をさせられることもよくあった。また、北軍の兵士には給料をもらうためだけに入隊した貧しい白人も多く、彼らは黒人兵士をあからさまに見下した。それは当時のアメリカの実態を反映していた。

ショー大佐の父親は奴隷制廃止運動家であり、大佐自身もかねてから人種差別を嫌悪していた。ショー大佐は、黒人連隊がチャールストン攻略の立役者になれば、黒人の勇敢さを国中に知らしめ、差別意識をくつがえす絶好の機会になると考えたのだろう。

連隊の突撃は一八日の午後七時四五分に始まった。ショー大佐は突撃が始まってまもなく、二五歳という若さで戦死した。後にタブマンは、彼の最後の食事を用意したのは自分だったと証言している。彼の死を予感し、せめて最後にできるだけのことをしてあげたいと思い、自ら望んだのかもしれない。

激しい戦闘の末、北軍は難攻不落のワグナー砦を征服できずに終わった。総勢約六〇〇人いた第五四

図 21　ワグナー砦に突撃したときの様子。1890 年頃

連隊は、死者、行方不明者、負傷者、捕虜を合わせて二五〇人以上の犠牲を出した（行方不明者は満潮になって波にさらわれた死者だと思われる）。フレデリック・ダグラスの息子ルイスもこの連隊にいて戦闘に参加したが、からくも生き残っている。

タブマンは南北戦争で後方支援していた頃の話をハートという歴史家に語っており、そのなかでこんな文学的な表現をしている。

「それから稲妻が見えたと思ったら銃撃で、雷鳴が聞こえたと思ったら砲撃で、雨音が聞こえたと思ったら血が流れる音でした。それから刈り入れに行くのかと思ったら、収穫したのは死体だったのです」。

ワグナー砦の戦いで出た多数の黒人の負傷者

はビューフォートに運ばれた（白人の負傷者はヒルトン・ヘッドに運ばれている）。タブマンは彼らに付き添い、献身的に看護をした。ワグナー砦周辺の戦闘は九月まで続いたため、次から次へと傷病兵が運ばれてきて、病院は患者であふれかえり、看護師も医師もてんてこまいになった。

人手が足りないので解放奴隷の女性たちも応援を頼まれ、総出で世話をすることになった。しかし、人員を増やしてもなお看護師一人一人の負担は重かった。真夏だったため、衛生状態が悪化して病気になる看護師もいたし、蒸し暑さと過労から倒れてしまう看護師も少なくなかった（熱中症と思われる）。タブマンはその頃の生活について、ブラッドフォードの伝記の中でこう語っている。

「さて、奥さん。私は病院に通っていました、そう、毎朝早くにね。大きな氷の塊を取ってきて、ええ、それをたらいに入れて水でいっぱいにします。それからスポンジを持って、始めます。一人目の男のところに来たら、手を振って蝿を追い払うでしょう。すると巣の周りの蜜蜂みたいに蝿が舞い上がるんですよ。それから傷を洗い始めます。三人か四人洗う頃にはね、暑さや人の体温で氷が溶けて、水が生ぬるくなってしまって、血そのものみたいに真っ赤になっています。それで、新しい氷を取りに行くんですよ、ええ、それで次の男に取りかかる頃にはね、最初に洗った男たちに蝿がもとどおりにびっしり黒くたかってるんです」。このようにして、彼女は来る日も来る日も夜遅くまで働いた。それから小さな小屋に帰って、五〇個ほどのパイ、大量のジンジャーブレッド、樽二杯分のルートビアを作った。そして北軍側に逃亡してきた黒人奴隷たちを雇って、駐屯地でそれらを売った。こうして翌日の生活の糧にしていたのだ。

想像するだけで過酷な日々だが、彼女は倒れずに持ちこたえた。同じ頃、ボストンの奴隷制廃止運動の新聞『コモンウェルス』紙（七月一七日付）に、支援者のサンボーンの手でタブマンの経歴を伝える短い記事が掲載された。ここでは実名が公開されている。命を狙われる危険性は増してしまうけれども、これで彼女は歴史の表舞台に出ることになった。サンボーンがこの記事を書いたのは、タブマンの両親の扶養と借金返済のために、寄付金が集まるのを期待してのことだった。そして彼の思惑どおり、たった三日のうちにスワードに一〇〇ドル返済することができた。

## フロリダで感染症を治療

秋には多くの兵士が病院から退院していった。タブマンは八面六臂の活躍で疲れ果てて体を休める必要があったし、家族のことも心配になってきたので、休暇をもらってオーバーンに帰った。そして一年半ぶりに家族に会い、カナダにも出かけて久しぶりに弟のウィリアム（ヘンリー）にも会っている。

しばらく休んだ後、一一月半ばにサウスカロライナ州に戻ると、ギルモア准将にモリス島の南にあるフォーリー島に向かうよう頼まれた。北軍はまだチャールストンを攻め落とせていなかったので、近くのフォーリー島に駐屯地を設置していたのだ。彼女はここでも看護や料理や洗濯をしながら、スパイとして情報収集にも取り組んだ。

一八六四年二月、モンゴメリー大佐の連隊を含む北軍の旅団がフロリダ州に遠征することになった。タブマンも彼らについていったと思われる。そしてこの旅団がシーモア准将の指揮のもと、アトランティック・アンド・ガルフ鉄道を破壊すべく線路に沿ってジャクソンビルからレイク・シティへ向かっていたところ、オラスティで戦闘になった。フロリダ州の激しい戦闘として、いまでも語り継がれているオラスティの戦いだ。

結果的に北軍は撤退することになったが、そのしんがりを務め、追ってくる南軍と戦ったのは黒人部隊だった。第三五合衆国有色人種歩兵連隊のほか、新たにハロウェル大佐が率いる第五四マサチューセッツ義勇歩兵連隊が、ここでもふたたび勇敢に戦った。

タブマンは同州のフェルナンディーナの病院で看護師として働くよう依頼を受けていたため、途中で別れてこの戦場にはいなかったかもしれない。フェルナンディーナでは赤痢が蔓延して多くの兵士が死にかけていたので、感染症を治す煎じ薬を作れることで知られていたタブマンが急遽呼ばれたのだ。

彼女はさっそく病気の原因である沼に入っていき、そこに生えている植物の根や葉をとってきて煎じ、まず感染した医師に飲ませた。すると症状が改善したため、医師は全員にそれを飲ませるよう指示した。おかげで兵士たちは治癒した。

もしタブマンがオラスティの戦いのときに同じ州の病院にいたのであれば、じきにオラスティから負傷者が次々に運びこまれてきただろう。とたんに彼らの看護で忙しくなったはずだ。なにしろこの戦い

図 22　野戦病院の様子。簡易なテントの下に傷病兵らが寝ており、軍医が立っている。1862 年

で北軍が出した犠牲は、死者、行方不明者、負傷者を合わせて一八五〇〇人以上に及んだのだ。黒人部隊からも多くの死者が出た。

これだけの犠牲を払った末、数ヶ月後にようやく黒人兵に白人兵と同じ額の給料が支払われることが決まった。実はそれまで、第五四と五五のマサチューセッツ義勇歩兵連隊は白人兵士より額が少ないことに抗議して、給料の受け取りを拒否していた。

それでも彼らの待遇はタブマンよりはましだった。彼女は戦争中に看護師の仕事で報酬をもらったことはない。たしかに宗教団体から派遣された人など、給料をもらっていないボランティアの看護師は少なからずいたが、もらっている看護師のほうが多かった。ところがタブマンのような黒人、なかでも逃亡奴隷や解放奴隷の場合は、同じ仕事をしていても看護師と呼ばれることすらまれで、洗濯女や料理人とされ、給料はとても少ないか、もらえないことが多かった。第一サウスカロライナ義勇歩兵連隊に付き添っていたスージー・キング・テイラーという黒人看護師も、北軍で四年ほど働いたのに報酬はいっさい受け取っていないし、年金ももらえなかった（彼女も元奴隷だったが、読み書きができたので、戦時中の体験を回想録にして出版した）。

だが南北戦争における看護は命がけの仕事だった。感染症の危険につねにさらされることになるからだ。作家のルイーザ・メイ・オルコットも、南北戦争中に北軍の看護師として働いている間に腸チフスに感染している。幸い命はとりとめたものの、その後亡くなるまで体調不良に悩まされ続けた。

タブマンがこうしてフロリダ州に遠征して働いている間に、彼女がビューフォートに作った洗濯ハウスが勝手に撤去されてしまった。北部から新たにやってきた連隊のキャンプ地として、その場所が使われることになったからだ。せっかく多額の資金を投入したのに、すべて一からやり直しになった。

### 終戦後も看護を継続

タブマンは一八六四年六月、ふたたび休暇をもらって北部に帰った。今度はニューヨークやボストンにも顔を出して、奴隷制廃止運動家の仲間たちと久しぶりに再会した。ボストンでは黒人の医師で歯科医師でもあるジョン・S・ロックの家に滞在し、軍から給料が支払われないことに不満を述べている。

この頃、ボストンにソジャーナ・トゥルースがいたので、ついに彼女にも会うことができた。二人とも同じ奴隷として生まれて逃亡し、キリスト教徒で文盲で、奴隷制廃止運動に積極的に参加している女性という点で似ており、共感できることが多かった。しかし、リンカーンに対する意見にはかなりの相違があった。トゥルースはリンカーンが黒人のために多くのことを成し遂げたと考え、彼の選挙運動に協力しているほどだった。一方、タブマンはこれまでのリンカーンの方針や北軍の人種差別を見て、彼が本当に黒人の味方なのか疑っていた。

けれどもしばらく後に、自分は何かをしているわけではなく、ただ国の下僕にすぎないのだ、とリンカーンがトゥルースに語ったという話を聞き、タブマンは感銘を受けた。三〇年後に彼女は、リンカーンに直接会ってお礼を言えなかったのを悔やんでいる、と述べている。

図23　ソジャーナ・トゥルース。1864年

一一月後半、彼女はゲリット・スミスに会っている。この時期に彼女は、疲労が溜まっていたせいか体の調子を崩して寝こんでしまい、許可された休暇期間よりも長くニューヨーク州にとどまっていた。それから彼女が回復して南部に戻ろうとすると、政府から輸送手段の提供を拒否された。そのため二月にワシントンでスワード国務長官に会い、三月にようやく許可が下りた。一ヶ月もかかったのだ。

タブマンへの給料がいっこうに支払われないので、彼女の困窮ぶりを知るニューイングランド解放民支援協会が、仕事を用意した。ヒルトン・ヘッドで「実務訓練教師」として月給一〇ドルで雇うというのだ。

さらに一八六五年三月、タブマンの二度目の紹介記事をエドナ・チェニーが『フリードメンズ・レコード』という雑誌に書いた。そこには、まだ彼女が経済的支援を必要としていることが書き添えられている。もちろん寄付金を募るためだ。この記事からはタブマンの人柄が伝わってくる。

肌の色で侮辱的な扱いを受けても、彼女自身はあまり気にしない。けれども自分がどんな権利を持っているかは知っていて、それを主張する。人が本当に望んでいるとわかれば同じ席で食事をするけれども、同様に快くキッチンに下がりもする。食事はとても質素で、果物だけが彼女が望むぜいたくだ。生粋の黒人で、ごく平凡である。変装しなければならないことが多かったので、顔つきを思いのままにすることができるらしく、顔から表情をいっさい消すことができる。愚かな感じに見せれば、危険人物になれるほど心得ある者とは誰も疑わない。しかし元に戻るとき、その目にさっと知性と力の光が差す。彼女は黒人特有の豊かなユーモアと優れた美的センスを持っている。身なりをきちんとしたがる。……

部屋に絵や彫像があれば必ず念入りに見て、興味深げに質問をする。……星を見て時間をはかれるし、猟師のように自然を手がかりに道を見つけ出すこともできる。それでも英国など外国の存在についてはほとんど知らない。……

彼女は行動を好む。正当な理由があれば戦うのは嫌いではない。だが働くのも好きであり、働かせる人間を蔑んだりしない。……

偉大な指導者が持つような勇気、洞察力、慎重さ、自制心、創意、繊細な認識力、統率力といった特徴のすべてを彼女は発揮してきた。その気質は非常に現実的でありながら、同時に想像力に富んでいる。

彼女の身なりについても少し触れておきたい。タブマンの死後、友人のヘレン・タトロックが書き残しているのだ。

たいていは黒い服を着ていた。裾の長い黒いスカートに黒い帽子を合わせていた。ドレスのえり好みはしないけれども、清潔だった。……でも非常に貧しかった。全体的な身なりがそのことを物語っていた。

タトロックによれば、タブマンを招くときは必ず何か食べるものを出したけれども、本人は何よりもバター入りの紅茶を好んだという。

一八六五年四月初頭、タブマンは南部にふたたび向かう前に、フィラデルフィア近郊のウィリアム・ペン訓練所を訪れている。北軍に入隊した黒人の新兵がここで訓練を受けていた。彼女はここで、新た

図24　黒っぽいドレスを着たハリエット・タブマン。1870年代

に編成された第二四合衆国有色人種歩兵連隊を前に、南北戦争でこれまで経験してきたことを語り聞かせた。地下鉄道の車掌として名が知られていた彼女は、黒人の新兵たちから喝采を浴びた。

そしてサウスカロライナ州行きの船に乗るためにニューヨークへ向かおうとしたところ、フィラデルフィアの衛生委員会の看護師たちに引き止められた。バージニア州のモンロー砦に近い病院に多くの黒人兵士が入院していて、タブマンの助けを必要としているというのだ。それを知った彼女は予定を急遽変更し、モンロー砦を目指した。月一〇ドルのために「実務訓練教師」をやるよりも、命が危ない黒人兵士の看護のほうを優先すべきだと判断したのである。

ちょうどその頃、戦局は最後の火花を散らしつつ、大きく動いていた。一八六五年四月二日、南軍が南部連合の首都リッチモンドから撤退した。そして四月九日に南軍のリー大将がバージニア州アポマトックスで降伏を告げるに及んで、南北戦争はついに終焉を迎えたのである。この五日後、リンカーン大統領が暗殺され、スワード国務長官も負傷している。

バージニア州の奴隷だったブッカー・T・ワシントンは、戦争が終わってついに所有者から解放された日について、こう綴っている。

いちばんはっきり思い出すのは、見たこともないような一人の人が――北軍の将校だったのでしょうが――ちょっぴり演説をして、それから、やや長い書面を読みあげたことです。おそらく奴隷解放令だったんでしょう。それを読んだあとで、君たちは、みんな自由だ、だから、好きなところへ行ってよい、と申しわたされました。私の傍に立っていた母は、かがみこんで私たち子供に口づけしました。母の両頬には喜びの涙が溢れるように流れていました。母は、これがどういうことなのかを、つまり、長いこと祈り続けてはきたが、生きながらえて自分の眼でこの日を見ることは、かなわないのではないかと危ぶんでいた、まさに今日がその日なんだということを説明してくれました。

しばらくの間は、大変な喜びようで、感謝と陶酔に狂う場面が見られました。しかし、憎しみはありませんでした。事実、奴隷たちの間には、これまでの所有者に対するあわれみの気持があったのです。とは言え、解放された黒人たちの熱狂的な喜びは、ほんの僅かな間しか続きませんでした。と言うのは、奴隷小屋へ帰ったころには、気持に変化が起ったのが、私にもわかったからです。自由の身になって、自分で自分の身じまいをし、自分のため、また子供たちのために、考え、計画を立てなければならないという大きい責任が、彼らを捕えたらしいのです。それは、十歳か十二歳の子供を、突然世間へ抛り出して、自活させるのと大変よく似ていました。……次第に、一人また一人と、初めのうちは、こっそりと、比較的年齢の進んだ奴隷たちは奴隷居住地区からお屋敷へぶらぶらと戻って行き、もとの所有者と先々のことについてひそひそ話をはじめたのでした。

(『奴隷より立ち上りて』稲澤秀夫訳)

解放奴隷の大半が、生まれて初めて自由を味わった。ワシントンが見た光景はほんの一例に過ぎないものの、解放された奴隷が大きな喜びと同時に、自立への不安にも襲われ、複雑な心境になっていたことがうかがえる。

いずれにせよ、解放奴隷や逃亡奴隷が終戦後に真っ先に望んだことは何だったかといえば、家族との再会を果たすことだった。彼らは強制的に引き離された家族の消息を求めて、黒人新聞や共和党系の新聞に尋ね人広告を出した。手がかりとして名前や年齢、もといた農園や最後に別れた場所などを公開するほか、黒人は名前が変わることが多いので、所有者や買い取った商人など白人の名前を加えることも多かった。次に挙げるのは実際の広告記事だ。

情報求む
キャンザス・リーは、メリーランド州ボルティモアに住んでいた子供たちからの便りを最後に、今その子供たち、四人の少女と一人の少年の居所を知りたがっています。子供たちの名前は、アニー・リー、セリア・リー、セラ・リー、エリザベス・リー、アダム・リー。子供たちは、ベンジャミン・キーンの母親に所有されていました。宛先は、ミズーリ州セントジョセフ私書箱五〇七、キャンザス・リー

情報求む
バージニア州ノーフォーク郡の父ジェリー・ホッジズについて。私は、三〇年ほど前まだ幼い少

女であったときに父親から引き離されて売られました。母の名はフィービーで、アッシュクロスという名の男のものでした。ノーフォーク近辺に家族のだれが住んでいようと、キャンザス州リーヴンワースのエメリン・ハッジス宛にお願いします。

（『引き裂かれた家族を求めて』樋口映美訳）

このような尋ね人広告は教会関連の刊行物にも掲載されていて、教会の集まりで読み上げられ、多くの人の耳に届けられた。彼らは広告を出すことで一縷の望みをつないだ。しかし大半は、再会を果たせなかったとのことである。

タブマンは戦争が終わったという情報を耳にして、同時に自らのスパイとしての役割も終わったことを悟ったにちがいない。数ヶ月間、モンロー砦周辺に滞在して黒人兵士の看護に専念していた。病院の状況は惨憺たるもので、黒人兵士に対して「ひどい虐待」とも呼べる扱いが見られた。戦場の仮設診療所よりましだとはいえ、タブマンは次々に死んでいく黒人兵士たちを前にして、怒りを募らせた。

衛生委員会の看護師たちがタブマンに応援を頼んだのは、彼女が黒人でありながら有力な政治家やジャーナリストと懇意なので、黒人傷病兵の待遇改善を訴えてくれるかもしれないという期待もあったからだろう。七月、タブマンはその期待に応えた。彼女はスワード国務長官に会うため、病院の仕事を休んでワシントンDCに向かった。スワードは事故と暗殺未遂事件による負傷から全快しておらず、しかも六月には妻が急死していたのだが、それでもタブマンと面会した。そして話を聞くと、ジョゼフ・K・バーンズ軍医総監に会うよう助言した。

タブマンは国務長官に訴えるだけでなく、友人に代筆を頼んで『インデペンデント』誌に手紙を送っている。モンロー砦のハンプトン病院では一日に二〇人から二五人の黒人兵士が亡くなっているという内容だ。するとこの病院を監督する立場のホワイトという将校が、同じ雑誌に反論を寄せた。六月の死者数は白人二六人、有色人七〇人の計九六人、つまり一日に三人であったという主張だ。どちらが正しいのかは不明だが、タブマンのほうはどの期間のデータなのかわからないので、両方正しいこともありうる。たとえこの将校の主張のみ正しいとしても、黒人の死者数は白人の二・五倍近くあり、やはり黒人の死亡率が異常に高いことは明らかだ。

タブマンに会ったバーンズ軍医総監は着任してまだ一年たっていなかったが、まもなく医師の補充をおこない、適切な治療の指針を定めた。そしてタブマンをモンロー砦の黒人病院の看護師長に任命した。

実はスワード国務長官に会ったとき、タブマンは看護師としての給料をいっさい受け取っていないので、未払いの分を支払うように政府にかけあう手助けをしてほしいと頼んでいる。看護師の仕事で稼げない以上、スワードへの借金はふくらむ一方だった。彼はさっそくハンター少将に手紙を書き、この件について調査するよう依頼した。

しかしタブマンがモンロー砦に戻ってみれば、任命されたはずの役職は与えられず、病院の状況はあいかわらずで、しかも依然として給料は支払われなかった。結局、彼女はこの場所から去っていかざるをえなくなった。借金返済と家族の扶養のために、お金を稼がねばならない。

一〇月一日、タブマンはバージニア州を出て、我が家の待つオーバーンへ向かった。北軍への奉仕はこれで終わったのである。しかし彼女にとっての南北戦争は、報酬を受け取るまでは終わったとは言えなかった。

病院における黒人への不当な待遇に対する闘いは、まるでその後の人生を暗示しているかのようだ。彼女はこの先、長年にわたって人種差別撤廃運動と女性参政権運動に尽力することになる。それは光を求めて手探りで歩を進めても、闇の先にさらなる闇が待つ、いつまでも出口が見えない闘いだった。

# 第9章　人種差別と貧困との格闘

あなたが白人であることを誇りにしているように、私も黒人女性であることを誇りに思っている。

## 暴力を受けて負傷

タブマンはオーバーンへ帰る途中、フィラデルフィアに立ち寄った。郊外に住むルクリーシア・モットの家を訪ねるためだ。モットはすでに七〇歳を超えていたが、女性参政権運動や平和主義を訴える活動などを精力的に続けていた。仲間の運動家たちからもいまだに頼りにされていた。

そんな彼女を相手に、タブマンは有色人種の参政権など社会のあらゆる問題について語り合った。タブマンは本や新聞を一人で読むことはできないけれども、このようにして問題の本質を学んでいったと思われる。一を聞いて十を知る才能があったのだろう。

南北戦争で北軍が勝利して奴隷制がなくなっても、白人の差別意識は消えなかった。一八六五年から七〇年にかけて、元奴隷の諸権利を保障するための、いわゆる再建期修正条項が合衆国憲法に加えられたものの、現実的な平等の実現にはほど遠かった。たとえば、ソジャーナ・トゥルースやフレデリック・ダグラスをはじめ、多くの黒人が肌の色を理由に力ずくで列車の席を移動させられる事件が起こっていた。

そしてタブマンもそれを経験した。彼女は一〇月半ば、軍支給の半額乗車券を持ってフィラデルフィアからニューヨークに向かう列車に乗った。やってきた車掌にその乗車券を見せると、席を移るよう命じられた。車掌は黒人女性が兵士用の乗車券を持っているはずがないと決めてかかっていた。タブマンは、自分は兵士と同じように国のために働いている身だと説明し、席の移動を丁重に拒否した。すると車掌は出ていけと怒鳴り、力ずくで彼女を追い出そうとした。だがタブマンは屈強なので、そう簡単にはいかない。

車掌は乗客らに加勢を呼びかけ、二人の男性の助力を得た。そして三人は席にしがみつく彼女の腕をねじり上げ、別の車両に放りこんだ。このとき彼女は腕を折り、肩を負傷し、おそらく肋骨にもひびが入った。しかし助けの手を差し伸べる者は誰もいないどころか、車掌を応援する声を上げたり、彼女を罵倒したりする者までいた。このとき彼女は、車掌に向かって毅然として言った。あなたが白人であることを誇りにしているように、私も黒人女性であることを誇りに思っている、と。

タブマンが痛みに耐えながら列車を下りるとき、一人の若い白人男性が近寄ってきて、鉄道会社を告訴するよう提案し、目撃証言が必要になったら連絡するようにと言って名刺を渡して立ち去った。

彼女はそのまましばらくニューヨークにとどまって、怪我を治療してからオーバーンに帰った。ルクリーシア・モットの妹であるマーサ・コフィン・ライトが、オーバーンでタブマンから聞いた話を書き残しているが、タブマンは車掌ともめたとき、彼を「親南部のごろつき《カッパーヘッド》」と呼んだせいで首を絞められたそうだ。

マーサと夫のデイヴィッドは、タブマンが列車内で受けた仕打ちを知ると、彼女に鉄道会社を告訴するように勧めた（デイヴィッドは弁護士だった）。さっそく夫妻は奴隷制反対協会の協力を得て、新聞に目撃者を募る広告を出した。タブマンが受け取った名刺には連絡先が書かれていなかったのである。だが、目撃者は誰も名乗り出てこなかった。したがってタブマンを診察した医師による証明書と、本人の証言だけに頼るしかなく、告訴の試みはなかなかうまくいかなかった。それでも努力の甲斐あって、かの「モーセ」に対するひどい仕打ちは、広く世間に知られるところとなった。

タブマンにとっては、怪我で動けないせいでお金を稼げないことも深刻な問題だった。しばらく包帯で腕を吊っていたのだ。突然眠りこむ病気を持つ彼女が、条件のいい賃仕事を継続しておこなうにはただでさえ限界があるけれども、働き手にはちがいない。経済的に苦しい一家にとって、せっかく帰ってきた彼女が働けないことは痛手だった。

当時の彼女の家には、養わなければならない同居人が何人もいた。タブマン、両親、キャサリン（ジェーン）とその子ニ人、くわえて下宿人を含めた四人の、計一〇人が暮らしていたのだ。下宿人からは家賃をとっていたはずだが、いつもきちんと支払われていたのだろうか。

同居人の数はさらに倍増する。かつて同居していた兄のジョン（ロバート）は新しい妻ミリーを迎え、すでに家を出て近所の別の家に住んでいたのだが、やがて姪のケサイアが夫と子供を連れてタブマンの家に来て、一年ほど居候することになったのだ。夫妻の子供は独立した長男を除き、七人もいた（上の二人はもう大きかったので働き手になった）。

「一度は食べられるものがなくなって、本当に見通しが暗かった」とタブマンは後に語っている。火を焚くための薪がなく、庭の柵を壊して火にくべなくてはならないほどだった。両親は彼女を非難の的にした。

いよいよ食料が尽きてその日に食べるものすらなく、両親の苦情がとくに多かったある日のこと、タブマンはクローゼットにこもってドアを閉めた。神に祈っていたのだろう。それから何かの啓示を受けたのか、まもなく出てきてキャサリンに、今日の夕飯はスープにする、と言い、買い物籠を手に市場へ出かけた。

市場に着いたときにはもう日が暮れる時刻だったが、お金がないので何も買えない。そこへ、空っぽの買い物籠を見かねた親切な肉屋が、お金はツケでかまわないと言って骨をくれた。他の店主もそれにならって肉の切れ端などをあれこれとくれた。こうして、じきに買い物籠がいっぱいになった。次に彼女は、それらを他の店でじゃがいもやキャベツなどスープに必要な野菜と交換し、帰宅した。夕飯の約束を果たしたのである。

そんなぎりぎりの生活が続くなか、しばらくしてウェンデル・フィリップスが生活費を少し送ってくれた。おかげで、タブマン一家は終戦直後の困難な冬をかろうじて乗り越えることができた。困窮した日々にあっても、タブマンは列車内で負った傷が痛むのを除けば、いつも楽しそうに意気揚々として見えた、とマーサ・コフィン・ライトは書き残している。

このように、タブマンは裕福な白人、つまりゲリット・スミス、マーサ・コフィン・ライト、ウィリアム・スワードといった人たちの慈善活動や寄付に、ある程度頼らざるをえなかった。クリスマスには、ルクリーシア・モットとマーサの姉妹がタブマンの家の全員にプレゼントを用意し、自分たちはお互いへのプレゼントなしで過ごした。

一度はゲリット・スミスの妻アンが、衣類が入った箱を送った。そこにはタブマンの母親リットの葬儀用の白い衣装も入っていた。アンはメリーランド州出身だったので、その地域では死装束を準備しておく習慣があるのを覚えていたのだ。リットはこのときもう八〇歳ぐらいで、体の具合が思わしくなかった。

冬が過ぎて怪我が治ってくると、タブマンは以前のように働き始めた。野菜を育てたり鶏を飼ったり家政婦をしたりして、家計の足しにした。ケサイアの一家は一年ほど同居した後、生まれ育ったメリーランド州ドーチェスター郡に移住した。ケサイアの老いた父親と同居して面倒を見るようになったと思われる。メリーランド州は一八六四年一一月に奴隷制を廃止している。

ただし次男のハークレスだけはタブマンの家に残った。彼の教育のためだろう。タブマンは長男のジェームズにも、かつてフィラデルフィアで教育を受けさせていた。そのジェームズはいまや成人しており、サウスカロライナ州ジョージタウンの解放民局に教師の口を見つけていた。

一八六七年一〇月、最初の夫であるジョン・タブマンが亡くなったという知らせが届いた。ヴィンセントという白人と路上で口論になり、銃で撃たれたのだ。ヴィンセントは逮捕されたが、正当防衛を主張した。目撃者はジョンの一三歳の息子だけだ。民主党を支持する白人ばかりの陪審員たちは、一〇分協議しただけでヴィンセントを無罪にした。この事件を知り、タブマンが葬儀に出かけるなど何か行動を起こした記録はない。

この頃には、二人目の夫になるネルソン・デイヴィスが下宿人として同居していた。彼はノースカロライナ州の奴隷だったが、逃亡してニューヨーク州に行き、奴隷解放宣言の後に北軍に入隊した。そして第八合衆国有色人種歩兵連隊に所属して、有名なオラスティの戦いに参加した。一八六五年一一月にテキサス州で除隊になったときは、まだ二一歳ぐらいだった。それから仲間の兵士とオーバーンに来たところ、タブマンの家に部屋が見つかったので入居した。彼は結核を患っていた。

ほかに、家の中にはいつも貧しい家庭の子供たちが数人いて、にぎやかだった。この子供たちの親は生活のために借金をしており、その借金を返すために働いている間、子供の面倒をタブマン一家が見ているのだった。

このような助け合いは、黒人の共同体では決して珍しくなかった。奴隷制の時代から彼らの結束は固かった。たとえば孤児がいれば皆で面倒を見る。しばしば知人の名前の前にシスターやアンクルをつけて家族のように呼ぶ習慣からも、彼らが絆を大切にしていたことが伝わってくる。

貧困と闘うなかでタブマンは政府に対し、南北戦争中にスパイと看護師として働いた分の報酬を払うよう求め続けていた。あるときゲリット・スミスに協力を求めに会いに行ったところ、そこに教育者で作家のサリー・ホリーがたまたまいた。ホリーは話を聞いて、さっそくタブマンの功績や訴えを書いて新聞に寄稿してくれた。しかし政府はいっこうに耳を貸さない。

一八六七年の冬もタブマン一家にとって厳しかった。食料が尽きたので誰かにお金を借りなければならないと考えていたとき、オーバーンが大雪に見舞われ、郊外の家から街へ入っていくのが困難な状態になった。それでもタブマンは生き延びるため、雪をかき分けて助けを求めに行かなければならなかった。

彼女は雪にまみれながら、なんとか「ミス・アニー」という白人の慈善家の家にたどり着いた。しかしお金を貸してくれとはなかなか切り出せない。しばらくして要件は何なのかと問い詰められると、タブマンはようやく目に涙をためて、二五セント貸してくれないかと頼んだ。

この件は、ミス・アニーによってタブマンの支援者たちにすぐ伝えられ、まもなく一家が必要としている食料や物資が提供された。そしてタブマンは翌週の月曜日、ミス・アニーの家をふたたび訪れた。二五セント硬貨を握りしめて。

解放奴隷の支援と伝記の出版

タブマンは貧困に苦しみながらも、解放奴隷たちの経済的自立や教育や権利の向上をつねに気にかけていた。やがて、南部の黒人学校への経済的支援を始めた。大甥のジェームズがサウスカロライナ州で教師になったことも、背中を押したのだろう。

彼女はさっそくオーバーンの教会でバザーを企画した。多くの人に協力を呼びかけて手作りのクッキーやパイ、いらなくなった服や小物などを持ち寄ってもらい、教会で販売して、その売上金を南部の黒人解放民の生活や教育に役立てようというのだ。結果的にそこそこの利益を出し、バザーは成功した。

一八六八年、南北戦争時の報酬を払うよう政府に訴え続けるタブマンに、助っ人が現れた。オーバーンの銀行家であるチャールズ・P・ウッドが力を貸してくれることになったのだ。彼は彼女から聞き取りをおこない、北軍での仕事内容と、それを裏づける将校らの証言をまとめた書類を作成し、提出した。

タブマン自身は、一八六二年五月二五日から一八六五年一月三一日まで三二ヶ月間にわたるスパイとしての働きに対し、月三〇ドルとして計九六六ドルのところ、すでに支払われた二〇〇ドル（洗濯ハウスに遣った）を引き、残りの七六六ドルを少なくとも支払ってもらいたいと考えていた。

背景には、黒人兵士の給料の問題があった。当初、政府は白人兵士に月一三ドルとともに制服代三・五ドルを払っていたのに対し、黒人兵士には制服代三ドルを含めて月一〇ドルしか払わなかった（一〇ドルは、現在の日本円で約三万五〇〇〇円）。それが、一八六四年からは白人兵士と同じ額に引き上げられただけでなく、それまでの差額がすべて支払われたのである。もちろんタブマンもこのことを知っていたはずだ。これはタブマンにとって経済的自立の闘いだったが、人種差別との闘いでもあった。

北軍は、兵士ではないスパイや斥候に対しては、一日につき二ドルから二・五ドルを払っていた。タブマンは多くのスパイをスカウトし、彼らのリーダーになっていたが、毎日スパイとして活動していたわけではないので、通常のスパイよりはるかに少ない額を申告することにしたのである。しかし、訴えは退けられた。タブマンのスパイとしての多大なる功績は、世間ではもちろん政府内でもほとんど知られていなかった。

実はその頃、彼女の右腕のスパイだったプラウデンも、報酬をもらおうと彼なりに努力していた。彼の申請は一八六九年に認められて一〇〇〇ドル支給されることになったのだが、なぜか支払われたのはその後六年もたってからだ。一方でタブマンはいっさい認められず、結局スパイとしての報酬は一生支払われなかった。看護師としての年金はもらえることになったものの、それは一八九九年まで待たねばならない。

それでもタブマンは、退役軍人会の会員であることを一生の誇りにしていた。彼女は北軍のために働いたことを示す証拠として、軍支給の水筒と雑嚢、そして銃身が長いマスケット銃を死ぬまで大切に保管していたと新聞の死亡記事には書かれている。

一八六八年の春、友人のサラ・H・ブラッドフォードがタブマンの伝記を出版するため、彼女にインタビューをおこなっている。そしてタブマンの半生が初めて一冊の本になり、『ハリエット・タブマンの人生のあれこれ』（*Scenes in the Life of Harriet Tubman* 未邦訳）というタイトルで一二〇〇部刷られることになった。これは少しでもタブマンの生活費の足しになるようにと周囲に促され、ブラッドフォードが無償で書き上げた作品だ。

ブラッドフォードは、下院議員も務めたことがある弁護士で判事のサミュエル・ホプキンスの娘として一八一八年に生まれた。弁護士と結婚して六人の子供をもうけ、作家として長い間子供向けの本を書いていた。息子二人を南北戦争で亡くしている。

この本を書くことが決まったとき、ブラッドフォードはヨーロッパに向かう前のちょうど忙しい時期だったので、本のために三、四ヶ月しか時間を割くことができなかった。その短期間でタブマンに話を聞いたり、人々の証言を得たりしなければならなかったのである。結果的に事実関係の誤りがいくつも指摘される本になったが、タブマン自身の言葉がふんだんに記録されている点で貴重な史料だ。

この伝記に描かれたタブマンの人物像は、黒人女性に対する白人の偏見をくつがえすような革新的なものだった。そこで、本に書かれたタブマンの業績が嘘ではないことを裏づけるため、ブラッドフォードは社会的地位が高い人々から届いた手紙をいくつも引用している。

たとえばスワード国務長官は「私は彼女のことを長く知っていますが、彼女ほどの崇高な精神や正直な精神が人間の体に宿っていることはめったにありません」と書いているし、ゲリット・スミスはこう書いている。「ハリエット・タブマンに推薦の辞は必要ありません。その智恵、正直さ、愛国心、勇敢さで、ほとんど国中に知られています。自由という大義は彼女に大きな恩義があります。国は彼女に大きな恩義があります。私はハリエットを昔から知っていて、大変尊敬しています」。

フレデリック・ダグラスはこうだ。「私ほどあなたのことを知らない人たちは、あなたがおこなってきた多くのことを容易には信じられないでしょう。あなたの人格や仕事について証言すること、そして私があなたをあらゆる点で正直で信頼できる人だとみなしていると関係者たちに告げることは、私にとって大きな喜びであり名誉です」。もちろん「あなた」とはタブマンのことだ。

こちらはフランクリン・B・サンボーンの手紙である。「彼女はしばしばコンコードを訪れ、エマソン家、オルコット家、ホイットニー家、ブルックス一族、ホレス・マン夫人などのような著名人の家に滞在しました。そして誰もが彼女のことを称賛し、尊敬していました。彼女がおこなった危険な行為が真実かどうか疑う者など誰もいませんでした。非常に誠実な人なので、疑念を抱きようがなかったのです」。

ほかにサクストン准将、ウェンデル・フィリップスらの証言も掲載されている。ここにきら星のように並ぶ一流の著名人の名前から、タブマンの人脈の広さが改めて伝わってくる。一方で、彼らとタブマンの経済的な格差の大きさを考えると、背筋が寒くなる思いもする。

この本を出版するために白人の支援者らが尽力している間、彼女は黒人解放民のためにふたたびバザーを開催しようと考え、あちこちで寄付を募った。寄付を頼まれたスワードはさすがにあきれ、こう言ったという。「あなたは他の人のためにもうじゅうぶん働いたでしょう。あなたが自分のために寄付を求めるなら出しますが、他人のために自分から奪うようなことをするなら助ける気はありませんよ」。

口ではそう言いながら、スワードが彼女を手ぶらで帰すことはほとんどなかったようである。

仲間たちの協力によって、バザーは一八六八年一二月に実現した。そしてこのバザーに間に合うように、本の印刷が急がれた。印刷代などの経費は、寄付などによってまかなった。こうして完成した本を、バザーの会場で一冊一ドルで売ったところ、六〇部から七〇部が売れた。タブマンはその会場で講演もおこない、人々から喝采を浴びた。バザーの売上金は五〇〇ドルを超え、ふたたび成功をおさめることができた。

本は仲間たちの手によって、他の集会やイベントでも売られた。何冊も買って友人にプレゼントする者もおり、シカゴに住むある人物はまとめて一〇〇部購入している。サンボーンはさっそく新聞にこの本の書評を寄稿し、買えば支援になると呼びかけた。そこにはタブマンが南部の黒人学校を二校支援するために尽力し、教師を送りこんだり、服や本を提供したりしていることも付け加えられた。

結果、本は約一ヶ月で六〇〇部近く売れ、その後の三ヶ月でまた六〇〇部ほど売れた。タブマンが本による収入を具体的にどう遣ったのかについては記録が残っていない。一部は黒人解放民のために寄付しただろうが、しばらく後にスワードへの借金を返しているので、そのためにも遣われただろう。

この頃、タブマンはローラ・バーニーという女性の遺産から毎年五〇ドルを受け取ることになった（現在の日本円で一六万円前後）。タブマンは感謝していただろうが、完全に依存する人間がつねに五、六人はいたのだから、これで楽には決してならなかったはずだ。

年が明けて春が来ると、タブマンは再婚に踏み切った。一八六九年三月、オーバーンのセントラル・

プレスビテリアン教会で下宿人のネルソン・デイヴィスと結婚式を挙げたのである。彼は二〇歳以上、年下だった。しかし結核のせいで、つねに元気に働ける状態ではなかった。だから、周囲には二人を祝福しながらも、タブマンが彼の面倒を死ぬまで見てやるために結婚したのだろうと考える者もいたし、タブマンは社会的な活動で忙しいので結婚生活はうまくいかないだろうと考える者もいた。

じきに働けなくなることがわかっていた退役軍人のネルソンは、彼女の家に住み続けて世話をしてもらう代わりに、自分が死んだらタブマンに寡婦年金が入るようにしようと考えて結婚したのかもしれないが、真相はわからない。タブマンは明るくて思いやりにあふれる魅力的な女性だったのだ。

タブマンは家の敷地内で小さなレンガ工場も営んでいて、同居しているケサイアの息子ハークレスもそれを手伝っていた。ネルソンは病人ではあったが、できるかぎりこのレンガ工場で働き、家の切り盛りも手伝い、人々の集まりにも積極的に顔を出すように努めていた。ネルソンは奴隷時代にレンガ職人だった可能性がある。この敷地にはジャガイモなどの野菜やリンゴを育てる菜園もあって、タブマンが世話をしていたのだが、レンガ工場からの排水で作物がだめになることもあった。

タブマンはこうした仕事のほかに、家政婦や子守として地元の白人の家で働いた。その際、提供できる野菜や果物があればそこで売ったり、物々交換したりすることもあった。また、タブマンは自分でバターを作ることができたし、鶏も飼っていたので卵も商品になった。裕福な白人家庭は、彼女だけでなく彼女の親族も力仕事の手伝いや御者として雇うことがあったので、タブマンの人脈で一族の皆が恩恵を受けていた。

一八七一年、タブマンの父親ベンが八〇代半ばで亡くなった。死因は不明だが、おそらく老衰だろう。同じ年に、トーマス・ギャレットも亡くなっている。続いて一八七二年一〇月には、スワード元国務長官が亡くなった。ブラッドフォードは、彼の葬儀にタブマンが姿を見せたときの様子を描写している。

偉大な人は柩に横たわっていた。友人たち、子供たち、崇拝者たちがそこに集まっていた。愛と富で可能なありとあらゆる手が尽くされていた。人の創意が思いつかせるかぎり、あるいはお金で買えるかぎりの、さまざまな形やデザインの花の装飾が彼を取り巻いていた。柩が閉じられる直前、真っ黒な肌の女性がそっと入ってきて、野草の花輪を彼の足先に置き、またそっと出ていった。

タブマンのスワードへの借金は一五〇〇ドル以上にふくらんでいた。これは利子だけではなく、お金に困るたびに彼から借金をしたことによると思われる。これをスワードの息子のフレデリックが相続した。フレデリックは一八七三年五月、一二〇〇ドルの一括払いと引き換えに、タブマンの地所の所有権を彼女に完全に引き渡し、残りの借金は放棄した。

## 困窮のうえに度重なる災難

ベンとギャレットとスワードという、的確な助言をくれる三人が次々に亡くなったことも一因だったのだろうか。一八七三年九月、タブマンは詐欺事件に巻きこまれた。地元の新聞で、彼女自身が事件について説明している。

その記事によれば、スティーヴンソンとトーマスという男がともにオーバーンにやってきて、タブマンの兄のジョン(ロバート)にこんな話を持ちかけた。サウスカロライナ州から来た元奴隷の友人ハリスか、戦時中から大量の金貨を保管している。それは五〇〇〇ドルの価値があるのだが、ドル紙幣はサウスカロライナ州では価値が高くなるため、現金二〇〇〇ドルとの交換でよい。そこでジョンは、自分は現金を用意できないが、妹なら白人と取引ができるようはからってくれるかもしれないと答え、タブマンを紹介した。

タブマンは彼らを幾日か自宅に泊めている。そのときスティーヴンソンは、ハリスはタブマンの甥の一人を知っているし、タブマンのことも耳に挟んだことがある、と主張した。彼女は戦時中、ビューフォートで金銀を詰めこんだトランクが埋められるのを見たことがあったし、遺体の埋葬のために地面を掘らされるのはいつも黒人だった。しだいにタブマンは、ハリスが本当に金貨を発見したのではないかと考え始めた。そこで、オーバーン近辺の白人の友人たちに現金を出すよう頼んで回った。だが、断られ続けた。なかには用心するよう警告する友人もいた。

最終的に、アンソニー・シマーという富裕な白人実業家が、二〇〇〇ドルを銀行から引き出してきた。そして銀行の担当者とシマーも同伴するという条件で、タブマンに現金を渡し、一緒に待ち合わせの場所に向かった。しかしそこにハリスはいなかった。ハリスは白人を警戒するのだとスティーヴンソンが言い張るので、タブマン一人がスティーヴンソンとともにハリスに会いに行くことになり、他の二人は近くの小屋で待つことにした。

現れたハリスは農場を横切って森の中にタブマンを導き、地面に一部埋まっているトランクを見せた。そのときハリスが、トランクを開ける前に現金をよこせと言ったが、タブマンはそれを拒否した。すると、ハリスはトランクの鍵を忘れたと言い出し、スティーヴンソンとともに姿を消した。タブマンはトランクのそばで待たされた。あたりは暗くなっていき、だんだん不安になってくる。そこでトランクをよく調べてみたら、どこにも鍵穴がない。

彼女はすぐ森から出ていこうとしたが、「何か白いもの」がいたので息を吞んだ。きっと幽霊にちがいない。だが、それは牛だった。牛はタブマンにびっくりして走り出し、同時にほかにもいたたくさんの牛がいっせいに走り出した。そのせいでタブマンはますます恐くなったが、いったん戻ってトランクをこじ開けようとした。そのとき男二人が脇に立ち、彼女は意識を失った。

目が覚めたときには体を縛られ、口をふさがれていたが、もがきながら必死で逃げた。シマーたちは約束の時間になってもタブマンが戻らないので心配し、捜し始めていた。結局、見つかった彼女は傷だらけで服は裂け、しかもお金はなくなっていた。ハリスのトランクの中身は石だったことが判明した。

シマーは激怒し、お金はタブマンに貸したのだから返せと言い出した。しかし彼に味方する者は誰もいなかったし、地元の新聞はタブマンと兄を擁護した。誰も彼女を疑わなかった。むしろ、タブマンが貧困に苦しんでいるという事実が広まり、同情が集まった。一方、お金を奪われたのはシマー自身の短慮によるものとされ、彼に同情する者はほとんどいなかったのである。

タブマンが恵まれない人々を支援していることは、地元で知れ渡っていた。そもそも彼女がこの詐欺の話に興味を示したのは、そのせいでつねにお金に困っていたからだ。さらに彼女が教育を受けられなかったことも考慮された。だから彼女が責められることはなかったのだが、戦前から彼女を知る人々は、事件を聞いて耳を疑っただろう。かつての神がかった洞察力や用心深さは、どこへ行ってしまったのか。傷を治すためか、あるいは衆目から逃れるために、タブマンは事件後の数日を、シャーウッドにあるエミリー・ハウランドという白人女性の家で過ごしている。ハウランドによれば、そのときのタブマンは明るく快活な様子で、奴隷を導く話や戦時中の話をして楽しませてくれたという。詐欺事件の話ではなく昔話に花を咲かせたのは、できるだけ早く忘れたかったからだろうか。

彼女はこの事件があってから、しばらく公の場にあまり姿を見せていない。この頃、アメリカで恐慌が始まり、彼女の家は経済的にますます苦しくなっていたので、毎日仕事に明け暮れていたと思われる。この状況で、彼女は一八七四年にガーティーという女の赤ん坊を養女にしている。

一八八〇年二月、タブマンは大きな災難に見舞われる。彼女の木造の家が火事になったのだ。火元は薪ストーブの煙道だと考えられている。家はほぼ全焼だった。このとき、奴隷制廃止運動家や友人から届いた手紙など、貴重な史料の大半が消失した。タブマン一家は一時的に兄のジョン（ロバート）の家に身を寄せたと思われる。それからまもなく、地元の職人たちの助力によってレンガ造りの新しい家が同じ場所に建てられることになった。夫のネルソンも体の調子がいいときは手伝った。

図25　タブマンの家に同居していた人々。左からタブマン、養女ガーティー、夫ネルソン。右端は盲目の老女。1887年頃

一八八〇年一〇月、タブマンの母親リットが亡くなった。九〇歳を超えていただろうから、当時としては非常に長寿だ。その頃には結婚した孫やひ孫が次々に新たな家庭をオーバーン周辺に築いていた。ひ孫の数はわかっているだけで二五人を超す。

その翌月、ルクリーシア・モットが亡くなった。頼もしい友人が一人、また一人とあの世へ旅立ってしまう。夫もいつ向こうへ行ってしまうかわからないし、彼女自身も還暦が近く、そろそろ老いを感じ始める頃だった。

一八八四年一月二九日、タブマンはイライザ・ライト・オズボーンの家を訪れている。彼女は友人マーサ・コフィン・ライトの娘であり、ルクリーシア・モットの姪だ。このときタブマンは何かの呼吸器疾患にかかっており、薬を必要としていたが、それだけではなく悪夢や頭痛にも悩まされるようになっていた。悲しいできごとが続くなかで孤軍奮闘し、肉体的にも精神的にも限界に来ていたのかもしれない。急に眠りこむ発作もあいかわらず続いていた。

オズボーンは、タブマンが訪ねてきたとき、幻聴を訴えていたと手紙に書き残している。

（タブマンが）ここに座っていたら、ハープが鳴っていると言い出したんです……分別はちゃんとあるようでした。それから水と火に悩まされていると言っていました――とても多くの人々が溺れたり、ときには焼けたりするところを最近見たと……。

オズボーンがタブマンにその幻視の内容について詳しく聞いてみると、同月一八日にマサチューセッツ州マーサズ・ビンヤード島の沖合で多くの人の命を奪った海難事故と状況が似ていた。そこでその事故に関する新聞記事を見せて説明すると、タブマンは事故のことは聞いたことがないと答えた。

また、この頃にタブマンはひどい夢を見た。興奮して走りながら近所の黒人の家々を回って「どこかで恐ろしいことが起きている。大地が開いて、家々が崩れ落ちて、戦時中より早く人が死んでいく――戦時中より早く」と叫んだ。ちょうどその頃、南アフリカで大きな地震が起こっていた。

夫のネルソンをむしばむ結核は進行し、働くこともしだいに難しくなってきた。経済的な負担がタブマンの肩にますます重くのしかかる。家の建て替え費用や夫の医療費など、お金はどんどん出ていくばかりだ。そんなタブマンを、さらなる災難が襲った。

一八八四年七月、飼っていた豚が四〇匹も死んでしまい、このままではすべて死に絶えてしまうのではないかと彼女は恐れている、という記事が地元の新聞に掲載されている。いつから養豚場があったのかは不明だが、おそらく働き手が減ったうえに自らも六〇代になったので、体力を使う農作業より豚を飼うほうがいいと考えたのだろう。記事によれば、タブマンはオーバーンの家々を回って残飯を回収し、荷車にのせて帰って豚に与えていたという。豚コレラでないことははっきりしていたので、タブマンは残飯に混ざっていた殺鼠剤が原因ではないかと考えていた。

こうも次々に試練に見舞われ、なおかつ夜も安らかに寝られないとなれば、そのストレスの大きさは想像を超える。もし精神的に追い詰められていたなら神に祈っていたはずだが、毎日どんなことを祈っていたのだろうか。

ついには幻視のせいでちょっとした騒ぎを起こし、新聞に取り上げられている。一八八四年一〇月一三日付の地元の新聞に、軽犯罪で刑務所に入っている甥のモーゼズのところへ面会に行ったタブマンが、「例の〝パワー〟なるものに取り憑かれて刑務所の外の道で叫んだりうたったりし始めた」と書かれている。保安官が建物の中に招き入れ、医師が来て彼女を落ち着かせた。

頭部の怪我がこのような症状を引き起こしたのだろうか。現代の医療なら治療できたのかもしれないが、当時は原因がわからずただ臆測するしかなかった。周囲の人は彼女の信心深さを知っていたので、このような発作は神への深い信仰によるもの、あるいは神や霊など超自然的な力によるものと受け取っていたようだ。

この頃には、彼女を経済的に支援する人はかなり減っていた。地下鉄道の車掌としての功績は世間ではほぼ忘れ去られていて、タブマン自身も黒人の権利向上や女性参政権の運動の集会にあまり出席しなくなっていた。参加する黒人たちの顔ぶれはほとんど変わってしまい、元奴隷ではなく中産階級の高学歴の若者たちが中心になっていたのだ。

また、ギャレット、スワード、モットをはじめ、タブマンが懇意にしていた白人の活動家が次々にこの世を去っていた。続いてマーサ・コフィン・ライト、ウィリアム・ロイド・ギャリソン、ゲリット・スミスも亡くなったのである。支援者の多くを失ったことは、タブマンにとって精神的にも経済的にも大きな打撃だった。

# 第10章　黒人高齢者のホームを作る夢

私が求めているのはただ、団結して努力することです。〝団結すれば立ち、分裂すれば倒れる〟のですから。

## 社会運動と慈善活動

困窮した状況にあっても、タブマンは完全にはへこたれていなかった。頭の中には、もう新たな夢が芽生えていた。恵まれない黒人の高齢者や障がい者のための療養施設を作る夢だ。事実上、彼女の自宅がすでにその施設として使われていたようなものだが、あらゆる面で限界があった。

とはいえ、夢の実現には多額の資金が必要になる。そこでタブマンは、また本を売るわけにはいかないものかとブラッドフォードに持ちかけた。過去のいくつかの新聞記事を除けば、世間の人々にとってブラッドフォードによる伝記だけがタブマンを知る手段だったが、一二〇〇部程度では国中に行き渡っているとは言いがたかった。

しかも奴隷制の記憶がしだいに色あせていくにつれ、世間のタブマンへの関心も薄らいでいた。とくに若い世代には、彼女の活躍を知らない者が増えていた。だから初版から七年たったこの時期に、新たに出版し直す意義は大きかった。

ところで、当時の人気作家マーク・トウェインの作品にはかなわないとしても、彼女ほどの活躍をした人の伝記ならもっと売れなければおかしいと思う方もいるかもしれない。この本があまり注目されなかったのは、一つにはタブマンが白人から偏見を持たれやすい黒人で、なおかつ女性だったという理由が挙げられる。さらに、当時は奴隷だった頃の体験を綴った本はほかにも数々出版されていた。南北戦争で活躍した女性の回想録も、白人のものを中心にいくつも世に出ていた。彼女の伝記はそれらの中に埋もれてしまった可能性がある。

ブラッドフォードはふたたび伝記を出すにあたって、内容の一部を書き換え、タイトルも変更した。そして一八八六年、『ハリエット――仲間たちのモーセ』(*Harriet, the Moses of Her People* 未邦訳)が出版された。この後、同じタイトルで何度か改訂されているが、今日アメリカで最も広く読まれているのはこの一八八六年の版である。

ブラッドフォードは今回も含めて一度もタブマンの伝記から利益を得たことはない。ただし、売上金はすべて預かるようにしていた。タブマンにそのまま全額を渡すとすぐ他人にあげてしまうので、彼女の状況に応じて随時必要なだけを渡していたのだ。ブラッドフォードは彼女の友人として、金庫番のようなことまでしていたのである。といっても、タブマン自身はこのやり方を不満に思っていたようだが。

この本の出版をきっかけに、タブマンはふたたび公の場に招待されるようになった。それでボストンやニューヨークにも足を運んだが、活動の中心は戦前から関心を持っていた女性参政権運動のほうに移行した。スーザン・B・アンソニーやエリザベス・キャディ・スタントンらが一八六九年に設立した全米女性参政権協会（NWSA）には、生前のルクリーシア・モットとマーサの姉妹が参加していたので、タブマンもここに所属していた。

とはいえタブマンはこの協会にかぎらず、女性参政権運動の集会に招待されればどこにでも出席して講演をおこなった。そして若い世代の運動家からも、敬意をもって迎えられた。だが彼女は登壇すると、「教えるためではなくて学ぶため、教えてもらうために来ました」と謙虚な姿勢を見せている。

図26　ハリエット・タブマン。1887年頃

一八八八年一〇月、夫のネルソン・デイヴィスがついに亡くなった。まだ四五歳だった。その翌年には、兄のジョン（ロバート）が亡くなっている。

この頃に、カナダに住んでいた弟のウィリアム（ヘンリー）が、おそらく高齢を理由にオーバーンに移住し、しばらく長男の家で暮らしていたが、最終的にタブマンの家で暮らすようになった。ウィリアムの次男ジョン・アイザックも、妻ヘレナの死後、カナダからオーバーンに移住した。妻のヘレナは先住民族だったようだ。彼女は死の床で、生まれたばかりの女の子を育ててくれないかとタブマンに頼んだ。タブマンはそうすることを約束し、赤ん坊を自宅に連れ帰った。女の子はエヴァ・キャサリン・ヘレナ・ハリエットと名づけられてケイティと呼ばれ、タブマンの手で育てられた。不運なことに父親のジョン・アイザックもまもなく亡くなったので、彼女は幼いうちに孤児となった。

この頃に友人のタトロックがタブマンの家を訪ねたところ、人種を問わず、子供から老人までたくさんの人が彼女の家に身を寄せていた。一人はよく問題を起こす前科者の白人女性で、子供が一人いた。長く住んでいる盲目の老女もまだいた。後に友人のテルフォードはこう綴っている。「(タブマンの)門戸は貧しい者に開かれていた。誰より寄る辺ない無力な黒人に。年寄り……捨て子、認知症、てんかん、盲目、身体麻痺、結核患者」。

それだけではなく、タブマンはオーバーンのアフリカン・メソジスト・エピスコパル・ザイオン教会(AMEザイオン教会)に深く関わり、慈善活動を通じて多数の貧しい人々の救済にあたっていた。いらなくなった服や日用品などがあれば送ってくれないか、と書かれたタブマンの手紙を、この頃に友人の白人女性が受け取っている。

退役軍人の夫ネルソンが亡くなった後、タブマンは一八九〇年に寡婦年金の申請をした。しかし月八ドルの年金の受給が開始されたのは、五年後の一八九五年一〇月だ。このときに、申請時から受給開始までの未払い分をいっぺんに全額受け取っている。

なぜ五年もの時間がかかったかというと、前述のとおり彼の名前が戦争前と後で異なっていたからだ。夫のネルソン・デイヴィスが、第八合衆国有色人種歩兵連隊のネルソン・チャールズと同一人物であることを認めてもらうまでには、知人らに宣誓証書を書いてもらうなど、気が遠くなるほどの手間が必要だった。さらに彼と婚姻関係にあったこと、彼との結婚の前に最初の夫が死亡したことも証明しなければならなかった。

実はセレーノ・E・ペインという共和党の下院議員が、タブマンへの年金を認めるよう関係機関に働きかけてくれた。だから五年ですんだのかもしれない。ペインはそれだけにとどまらず、受給開始後もタブマンの年金は安すぎるとして、元看護師としての年金を合わせて月二五ドルに引き上げる案を一八九七年に議会に提出している。結局、その額は他の看護師にくらべて高すぎるので、寡婦年金の八ドルに月一二ドルを足した二〇ドルが毎月支払われることになった(現在の日本円で七万円弱)。だがその額を最初に受け取るときには一八九九年になっていて、タブマンはもう八〇歳近かった。

## 夢のための新たな借金

貧しい黒人の高齢者や障がい者のための療養施設を設立するタブマンの夢が、ようやく実現に向けて動き出したのは一八九六年春のことである。彼女の家の敷地に接している二五エーカーの土地が、競売にかけられることになったのだ。といっても、タブマンにはほとんどお金がない。しかし、参加者全員が白人である競売会場へ、彼女は断固たる決意をもって一人で乗りこみ、いちばん隅の席に陣取った。そしてなんと、競り落とすことに成功したのである。これには誰もが驚いた。そんな多額のお金をどうやって払うつもりか訊かれると、彼女はこう答えた。「うちに帰って、主イエスに何もかもお話ししますから」。

彼女はさっそく行動を開始した。教会の聖職者たちの力を借りて、友人や支援者から計三五〇ドルをかき集め、さらに購入した土地建物を抵当に入れることで一〇〇〇ドルを手にした。この件では、とくにAMEザイオン教会のG・C・カーター牧師による尽力が大きい。

それから数ヶ月のうちに法人組織が設立された。当初、彼女は施設にジョン・ブラウンの名前をつけようと思っていたのだが、タブマンの名前にするよう周囲に説得され、結局はハリエット・タブマン・ホームになった。

ところが借金が多すぎるため、抵当に入れた建物はタブマンの希望どおりには使わせてもらえず、他人に賃貸するはめになった。利息の支払いも大きな負担になった。一度は実現するかに思えたタブマン・ホームだったが、道のりは険しかった。

そこでタブマンは、さらに寄付を募ることにした。彼女はまずメアリー・ライトというシラキュース在住の女性に手紙を送っている。ブラッドフォードによる伝記を新たに五〇〇部刷る費用について、半分は自分がなんとかするから、残りの半分をサンボーンやエドナ・チェニーらと出し合ってもらえないかという依頼だ。続いて、二つの雑誌にタブマンの経歴を紹介する記事が掲載され、そこに現在の彼女が支援を必要としている事実がそれとなく加えられた。

タブマンは女性参政権運動の集会にも積極的に出席するようにし、ボストンやニューヨークだけでなく、ときにはワシントンDCまで出かけて人々に会い、講演をおこなって寄付を呼びかけた。

当時の女性参政権運動は岐路に立っていた。一八九〇年代に入って南部の女性たちも運動に加わるようになると、白人優位を主張する会員が増加した。すると協会も人種差別的な姿勢に傾くようになり、これが白人と黒人の運動家の間に溝を生んだ。

図27　ハリエット・タブマン。1900年

結果として黒人女性だけの新たな組織、全米アフリカ系アメリカ人女性連合（NFAAW）が結成された（一八九五年）。これは翌年、他のグループと合流して、全米有色人種女性協会（NACW）になった。

タブマンはこの全米有色人種女性協会が開催した初めての集会に招かれ、講演をおこなっている。彼女はこのときも、高齢者のための施設がもっと必要だと訴えて寄付を募った。リクエストにこたえて歌も披露したが、すでに七〇代半ばだったはずの彼女の声は、まだ力強く美しかったそうだ。この日の議事録の中で、彼女は「マザー・タブマン」と呼ばれている。

タブマンは白人女性を中心にした集会にも、呼ばれればいとわずに出席して登壇した。一八九六年、ロチェスターでそのような集会の一つに出席するため、タブマンは養女を連れて会場に入った。ところが、暖かなところに座っていたら、まもなく熟睡してしまった。壇上ではまず全米女性参政権協会のスーザン・B・アンソニーやエリザベス・キャディ・スタントンがスピーチをし、その後でタブマンが呼ばれた。養女があわてて彼女を起こしたが、タブマンは自分がいまどこにいて何を求められているのか、なかなか把握できなかった。そこへ手を貸す女性がやってきて、タブマンは壇上に導かれた。

先にスーザン・B・アンソニーが、「皆さん、〝地下鉄道の車掌〟ハリエット・タブマンをご紹介できてうれしく思います」と言った。「地下鉄道の車掌」という言葉を聞いて、タブマンはとっさにこう言った。

「そうです。私は地下鉄道の車掌を八年やりました。そして、ほとんどの車掌には言えないことを言えるのです――列車を一度も脱線させたことはないし、乗客を一人も失ったことがないと」。

これは現在、最もよく知られる彼女の言葉の一つだ(実際には一〇年以上活動していた)。人々の前に立つタブマンは、安物の黒い服とボンネットを身につけていても、見る者に威厳を感じさせたという。

その場にいた女性たちは拍手喝采した。タブマンは勢いを得て話を続け、興味深い過去のあれこれを語った。出席者によれば、彼女は南部より北部の暮らしのほうが長いのに、まだ強い南部なまりが残っていたそうだ。それでも話は説得力に満ちていた。

このとき一緒だった養女は、赤ん坊のときに連れて帰ったケイティである。一八九九年にタブマンと話をしたアグネス・ギャリソンの記録によれば、タブマンはその後、新たに三人の子供を養子にして育てていた。

一八九七年にはエドナ・チェニーらの尽力で、タブマンの名を冠したレセプションが何度かボストンで開かれた。もちろん寄付を募るためである。タブマンはその旅費を捻出するため、牛を一頭売っている。寄付金は療養施設のために遣われるので、集会に招かれて講演を繰り返しても、生活は楽にならなかっただろう。しかも彼女はもう七〇代半ばになっており、賃仕事をしたり農作業をしたりして生活費を稼ぐことはしだいに難しくなっていた。しかし彼女は、迷わず夢に向かって邁進していた。

タブマンをたたえる声は海を越えてヨーロッパにも伝わり、ついには英国のビクトリア女王がブラッドフォードによる伝記を読んだ。やがてタブマンのもとに、ビクトリア女王の治世六〇周年を記念する銀のメダルが届いた。実はこのとき女王は、誕生日を祝う集まりにタブマンを招待したようである。でもタブマンは「よくわからなくて」行かなかった。いずれにしても、旅費がなかった。

## 麻酔なしで頭の手術

女性参政権運動の集会にしばしば出席していた一八九〇年代後半に、タブマンはボストンのマサチューセッツ総合病院で頭部の手術を受けている。頭痛が耐えがたいほどひどくなっていたし、悪夢を見るので夜眠れなくなり、困り果てていたのだ。ブラッドフォードが書いた一九〇一年版の伝記によれば、タブマンは剃り上げた頭について友人に尋ねられ、こう答えた。

ボストンにいたとき、ある日、外出したんですよ。すると、とても大きな建物がありました。一人の男の人にこれは何か尋ねたら、病院だと言われました。それで入っていったら若い男の人がいたので〝あなたは医者ですか〟って訊くと、そうだと言うんです。それで私は〝頭を開いてもらえませんか〟って言いました。……それから、医者にこれまでのことを全部話しました。最近、災難の映像がありありと浮かんでくるし、頭痛や耳鳴りもするものだから、夜眠れないこともです。すると医者が〝ここにあるテーブルの上に横になりなさい〟と言うので、私は横になりました。

〝医者は痛みを消すものを何もくれなかったの、ハリエット?〟

いいえ、私はただ肉にされる前の子羊みたいに横になっていましたよ。それから、医者が私の頭蓋骨をのこぎりで切って、持ち上げたんです。いまは前より楽になりました。

〝そうとうつらかったでしょう〟

ええ、もちろん痛かったですよ。でも私は起き上がってボンネットをかぶって、帰ろうと歩き出したんです。でも脚が動かなくなったので救急馬車が呼ばれて、家まで乗せてもらいました。

この会話の相手をしている友人はブラッドフォードの兄で、彼女とタブマンを引き合わせたサミュエル・M・ホプキンス・ジュニア牧師だが、彼の孫のサミュエル・ホプキンス・アダムズは後に高名なジャーナリストになり、タブマンの思い出を本に書き残した。その本によると、麻酔は投与することになっていたが、タブマンが拒否したのだという。彼女は北軍の兵士のように、弾丸をくわえて耐えるほうがいいと言った。そして手術中、弾丸を噛んだまま祈りの言葉をつぶやきながら、じっと動かなかった。麻酔を拒否したのは、痛みに苦しみながら亡くなった兵士たちの気持ちを、少しでも理解したかったからだろうか。それとも医療費を節約するためだったのだろうか。

彼女の肩にのしかかる経済的負担は増すばかりで、購入した不動産にかかる税金を支払うために、牛を何頭か売らなければならないこともあった。ブラッドフォードは、一九〇一年に彼女の家を訪れたときのことをこのように記している。「(タブマンは)五人の病人や負傷者を養っている。ある盲目の女性は四人の子供に導かれて彼女のところへやってきた――夫に家から追い出されたのだ」。その女性はまもなく五人目の子供を出産したという。また、タブマンは「嘆かわしい状態にあった。……物乞いの群れに取り囲まれていた。彼女のもとに届くものは何もかも彼らに奪われるのではないかと心配だ」。

この日、ブラッドフォードは立ち去るときに、待たせている馬車まで来て運んでくれたら食料をあげられると申し出たところ、タブマンは同居人の一人を振り返って、こう言った。「今朝、私に何て言った？〝うちには食べるものが何もない〟って言ったね。それで私は何て答えた？　こうだよ。〝私にはお金持ちの神さまがついてる！〟」。

ブラッドフォードはタブマンに介護施設に入ってもらいたいと望んでいたが、生活に困っている人々をタブマンが置いていくはずがなかった。

### ホームが開所し、ついに夢が実現

一九〇二年、オーバーンの街に路面電車が開通した。この年、彼女はタブマン・ホームを作るつもりだった地所をAMEザイオン教会に譲渡している。彼女にとっては、夢がかないさえすれば土地が誰のものであろうとかまわないのだった。だがその後、書類に不備があってやり直すことになったとき、タブマンはいったん譲渡を拒否している。どうやら白人の友人たちが書類を見て、譲渡するのではなく売却すべきだと強く進言したらしい。しかし、タブマンにとってはできるだけ早くホームを実現させることのほうが大事だったので、結局は翌年の六月に正式に譲渡した。

教会はさっそく寄付を募り出した。ところが教会は高齢者の療養施設だけでなく、黒人の少女に家政学を教える職業訓練校のようなものまで構想し始めた。これをタブマンがどう受けとめたかはわかっていない。いずれにせよ、寄付集めには時間がかかった。この時期、新聞や雑誌にタブマンの記事がいくつも掲載されている。寄付金集めのために教会があちこちに働きかけたのだろう。

メディアによってタブマンは改めて広く名前が知られるようになったが、それと同時に、悪者からも目をつけられることになった。それで彼女は強盗に遭っている。強盗は貧乏人を装って家に入りこんできた。タブマンは彼が銃を持っているのに気づいたので、一晩中起きて彼の動きを見張っていた。予想どおり、彼はお金を要求してきた。でもお金は本当になかったので、タブマンは友人から五ドル借りてきて渡した。強盗も唖然としたにちがいない。その後、支援者のエミリー・ハウランドが、タブマンの名前を利用した同じ男にだまされて、五八五ドルもの大金をとられている。

図 28　エミリー・ハウランド。撮影年不明

一方で、うれしいニュースもあった。一九〇四年、初めてタブマンの名前を冠した黒人女性のための施設がボストンにできたのだ。ハリエット・タブマン・ハウスと名づけられたその建物は、大学の寮に入れない黒人女子学生や、南部から来て仕事を探す若い黒人女性が身を寄せるための施設だった。タブマンは喜んでここを訪ねている。

一九〇五年三月、タブマンの名を冠したレセプションがボストンで開かれ、タブマンは講演をおこなった。このとき彼女は八〇歳を超えていたが、地元の新聞には、「これほど高齢の女性にしては珍しいほど背筋が伸び、声がはっきりしていて、物腰は生き生きとし、機知に富んでいる」と書かれている。

同年一〇月にも、女性参政権運動の集会に出席している。そのためにタブマンは、ロチェスターまでエミリー・ハウランドと同じ列車に乗った。到着すると挨拶を交わしてすぐ別れ、ハウランドはホテルに泊まり、タブマンは駅で一晩中座っていた。お金がないうえ、有色人種を泊めてくれるところはないことを知っていたのだろう。

翌日、タブマンが夜をどう過ごしたか知ったハウランドは衝撃を受け、配慮が足りなかったことを悔いた。そして、集会の期間中は自分の部屋に泊まるようタブマンに勧め、さらに集会の主催者に対し、今後は黒人女性の宿泊場所を提供するように求めた。

八三歳のタブマンが、夜中の駅の待合室にぽつんと座ってうたたねしている姿が目に浮かぶ。このような事態は初めてではなかっただろうが、彼女は自分一人のために待遇改善を求めることはしなかった。

一九〇七年、フランク・C・ドレイクというジャーナリストがオーバーンまでタブマンに会いに行き、『ニューヨーク・ヘラルド』紙でその模様を報告した（九月二二日付）。彼はブラッドフォードの姪の夫にあたる人物だ。記事の中でタブマンは、合衆国政府を暗に批判している。貧しさの原因は政府の人種差別主義にあると考えていたようだ。これはその記事の一部である。

先週、筆者に次のように述べたとき、彼女は悲しげな様子というよりはむしろ、濁った目にさっと侮蔑の色を浮かべた――「合衆国の旗にあれほど忠実に奉仕した後、まさかその旗がひらめく下で困窮するようになろうとはね」。それから、彼女はもの思いにふけりながら近くの果樹園のほうを眺めやり、ふいに「リンゴはお好き?」と尋ねた。

私が好きなのを確かめると、彼女は「リンゴの木を植えたことがありますか」と訊いた。私は恥ずかしながら、ないと白状した。すると彼女は言った。「ないの。でも誰か他の人が植えたんですよ。私は小さいときリンゴが好きでね。他の子供たちが食べられるように、いつか自分がリンゴの木を植えると言っていました。私は、それをやったんだと思います」。

彼女は急にこっけいなことでも思い出したかのように笑い出し、それからしわの寄った顔をさっと上げ、激しい旋律の歌をうたい出した。両手で膝を打って拍子をとり、陽気に体を揺すりながら。

彼女が植えたリンゴの木に、大きな実がなろうとしていた。高齢者のためのハリエット・タブマン・ホームが、一九〇八年にようやく設立されたのだ。土地を競り落としてから、すでに一二年が経過していた。

しかしタブマンは幻滅したあげく、もう運営に関わらなくなっていた。ホームに入所する者は一〇〇ドルを支払わなければならないという決まりが作られたからである。タブマンはそれを聞いて、「じゃあ私は、お金をまったく持っていない者でなければ入れないっていう決まりを作りたいね」と不満を述べている。だが結局はタブマンが折れた。

図29　上：ハリエット・タブマン・ホーム。1908年頃。下：ホーム内のジョン・ブラウン・ホール。入所者が収容されていた。1912年頃

ホームの開所のときには祝賀パレードが催されてタブマンも参加し、パレードの先頭の馬車に弟のウィリアム（ヘンリー）や来賓の人たちとともに乗りこんだ。レセプションやバンド演奏やダンス・パーティーもおこなわれた。タブマンは集まった人々の前で短い挨拶の言葉を述べている。「私が求めているのはただ、団結して努力することです。〝団結すれば立ち、分裂すれば倒れる〟のですから」。タブマンは内心、穏やかではなかっただろう。なぜなら、ただでさえ反対していた入所費用が一五〇ドルに値上げされていたからだ。

公の場で登壇するのは、このときが最後になったと思われる。老いた彼女の体は、もうかなり衰えていた。

## 人生の幕引き

一九一〇年を過ぎる頃には、ときどき車椅子を使うようになっていた。そして一九一一年五月、自らの名前を冠したホームに入所することになった。その際には新聞記事が書かれて寄付が集められ、彼女はジョン・ブラウン・ホールと名づけた建物の個室を与えられた。

一九一一年、コーネル大学の学生ジェームズ・B・クラークが、ゲリット・スミスの孫アン・F・ミラーにともなわれてタブマンを訪ね、次のように詳細を書き残している。この日、タブマンは二階から自力で階段を下りてきた。

顔に深いしわが刻まれ、手にかつての力強さはなくなっているが、ハリエット・タブマンの頭は驚くほど若々しく、回転が速い。ほとんどの人の祖母がまだ幼い少女だった頃に起こったようなことを覚えているだけでなく、新聞を読んでもらって現代社会の重要なできごとを興味津々で追っている。

図30　ホームに入所した晩年のハリエット・タブマン。1911年頃

このとき、「本当に女性は投票をおこなうべきだと思いますか」とミラーに尋ねられた。するとタブマンはこの質問に驚いたようにしばし間を置き、それから穏やかに答えた。「そう思えるぐらいには苦労しましたよ」。アメリカで女性参政権の獲得が実現するのは一九二〇年なので、タブマンは生きてそれを見ることはできなかった。

一九一二年、弟のウィリアム（ヘンリー）が亡くなった。この年から翌年にかけての冬、九〇代のタブマンはベッドで寝たきりになった。すっかりやせ衰えて、女性の看護師でも軽々と持ち上げられるほどだったという。

タブマンは死を予感したのか、遺言書の準備を始めた。彼女は不動産の相続人として次の三人を指名した。メアリー・ガストン（大姪の一人）、ケイティ・スチュアート（ウィリアム・ヘンリーの息子ジョン・アイザックの娘）、フランシス・スミス（ホームの看護師長としてタブマンの介護をした女性）。そして死後の資産（実際には借金）の管理をレアード弁護士に託した。この人はタブマンと親しかったわけではないが、タブマンのかかりつけ医で長年の友人でもあるレアード医師の息子だった。レアード医師の結婚式でふるまわれた料理は、タブマンが作ったのである。

そして彼女が最後の病気にかかったときも、この医師が診察した。一九一三年三月一〇日、肺炎を患ったタブマンの容態が悪化した。医師の判断で牧師が二人呼ばれ、タブマンが頼んだとおりに最後の儀式が執りおこなわれた。牧師の一人は第五四マサチューセッツ義勇歩兵連隊の兵士だったチャールズ・A・スミスで、長年の友人だった。看護師長フランシスの夫でもある。それからタブマンの世話をした看護師たちや甥の子供たちなども枕元に呼ばれた。

『オーバーン・シチズン』紙の死亡記事に、臨終の様子が書かれている。

ハリエットの死は、まさに勇敢な女性の最期だった。未練はないどころか、逆に臨終のときを楽しんでいた。逝去の数時間前まで意識があり、彼女のために祈りに来た人たちとともに祈っていた。彼女の人生という長いドラマの終幕は、それまでの多くの場面と同じく胸躍るようなものだったのだ。……咳がひどくないときは、彼女も皆と一緒に歌をうたった。そして聖餐式が終わるとまたベ

図31　ハリエット・タブマンの埋葬のために集まった人々。1913年

ッドに身を沈め、死を待った。

タブマンは昏睡状態に陥る前、最後にこう言ったと伝えられる。「向こうへ行って、あなたがたの場所を用意しておきますよ。私がいるところに、あなたがたも来られるように」。

柩の中のタブマンは黒いドレスを着せられ、そこにビクトリア女王から贈られたメダルがピンで留められ、手に十字架が添えられた。国旗がかけられた柩は、多くの花で飾られたトンプソン・メモリアルAMEザイオン教会に運ばれた。何百人もの人々が詰めかけたという。そして彼女は、オーバーンのフォート・ヒル墓地に埋葬された。

死の一ヶ月ほど前、女性参政権と公民権の運動家であるメアリー・B・タルバートという黒人女性がタブマンに面会し、後にそのときの思い出を語っている。タルバートが立ち去ろうとしたとき、タブマンは彼女の手をつかんで、こうささやいたという。「長いこと旅の準備をしてきたけど、あともう少しで故郷に着くんですよ。神が金色の馬車を見せてくれました。そして語りかけてくる声が聞こえたんです。〝目を覚ましなさい、起きなさい！　もう眠るんじゃない。イエスがすべてよきにはからう〟ってね」。そしてしばらくためらってから、こう言った。「神は見捨てないから、女性たちに言ってください。団結するようにって」。

最後にタルバートが別れの挨拶をすると、彼女は穏やかなほほえみを浮かべながら言った。「私はすっかり受け入れましたよ。神と、それからすべての人間を」。

# 付記　地下鉄道という秘密組織

## 地下鉄道とは何か

地下鉄道といっても、地下に線路が敷かれて列車が走っていたのではない。地下鉄道とは主に一九世紀のアメリカで、逃亡奴隷が自由州や国外へ逃れることができるよう手助けをしていた秘密の地下組織の名前だ。組織の参加者には有色人種も白人もいた。

決して高度に組織化された集団ではない。とくに決まった指導者がいるわけでも階層秩序があるわけでもなく、年次総会などの集会が開かれるわけでもない。それは人目を忍んで網の目のように自然に広がった人間の鎖であり、一人一人が自主的におこなっていたのであって、誰かに強制された者はいなかった。

しかし奴隷を逃がすことは違法行為であり、とくに奴隷州で露見すれば逮捕されて重い罰を受けるだけでなく、奴隷制を支持する暴徒からリンチや放火などのひどい嫌がらせを受ける可能性もあった。実際にそれで命を落とした者さえいる。

組織の多くの参加者がお互いのことを知らず、よその土地ではどのような人がどのくらい参加しているのか、よくわからないまま活動していた。別の協力者から自分の家に奴隷が送られてきたら面倒をみて、次の協力者の家にこっそり運ぶのを繰り返すだけで、結局前後の二人ほどしか知らずに終わった人もいただろう。暴露や密告の危険を最小限にするため、参加者の個人情報は安易に伝えられなかった。参加者で世間に名前がよく知られているのは白人が多いが、よく知られたのは逮捕されたからであって、基本的には誰もが名前を伏せていた。奴隷制廃止後に作られた参加者のリストは三二〇〇名以上に及んだが、いまだに名前が不明でリストにのっていない人も多いという。

逃亡しようとする奴隷のほとんどは地理をよく知らなかったため、助けを必要とした。最初のうちは、少数または男性一人で移動し、先住民や逃亡奴隷の集落に助けを求めることが多かった。だが地下鉄道ができてからは、多数で逃亡することも可能になった。初期には徒歩だけだったのが、女性や子供が加わると馬車が提供されるようになった。

といっても、逃亡奴隷の大半は男性だった。女性は子供がいれば最初から逃亡を躊躇する。いくら地下鉄道の助けがあっても、逃亡の旅は危険で過酷だった。もともと奴隷はろくな服も靴も持っていないため、長距離を歩くと足が痛み、体は冷え、ごわつく麻の服が皮膚をこすって血が流れることもあった。

ひどい霜焼けや傷のせいで足に壊疽を起こし、せっかく自由の地にたどり着いて治療を受けても、手遅れで死んでしまう奴隷もいたのである。

少数ながら地下鉄道の助けなしに自力で逃亡する奴隷もいた。後に作家になったウィリアム・ウェルズ・ブラウンもその一人だ。彼は一八三四年にセントルイスから逃げたのだが、当時そこに「地下鉄道はなかった」と述べている。

## キリスト友会とアイザック・T・ホッパー

奴隷制廃止運動の初期の段階において、クエーカーとして知られるキリスト友会の信徒たちが果たした役割は大きかった。キリスト友会の創始者であるジョージ・フォックスからして、すでに一七世紀後半には奴隷に対して同情を示すように訴えている。さらに一八世紀半ば、ジョン・ウールマンというクエーカー教徒の奴隷制廃止運動家が、奴隷制はキリスト教の教義に反するという論文を発表し、多くの信徒に影響を与えた。

一八世紀後半にはクエーカー教徒の集会で、奴隷貿易と奴隷制に対して公然と反対の立場が表明された。奴隷を所有する信徒は、彼らを解放するよう促された。そして一七七五年に、アメリカで初めて奴隷制廃止を目標に掲げる組織が、クエーカー教徒を中心に設立されている。一〇年ほどしてこの組織はペンシルベニア奴隷制廃止協会となり、一度はベンジャミン・フランクリンが会長になった。

図32　アイザック・T・ホッパーの木版画。1853年

この組織ができる前から、すでに逃亡奴隷の手助けはおこなわれていた。ジョージ・ワシントンが一七八六年五月の手紙の中で、フィラデルフィアで逃亡奴隷に手を貸す目的のために作られた「クエーカー教徒の協会」について言及している。ただし、その援助のやり方はおそらく現在知られているやり方と異なり、各人がばらばらにおこなっていたのだろう。

その二年後、アイザック・T・ホッパーという白人の若者がフィラデルフィアにやってきた。彼は一七七一年にニュージャージー州の農家に生まれ、一七歳でフィラデルフィアの仕立屋のおじのもとで奉公人になった。やがてこの地でクエーカー教徒らと親交を結び、自らも信徒になった。

子供のときに家にいた年寄りの奴隷が、奴隷商人に誘拐されて売り飛ばされた身の上話を涙ながらに話すのを聞き、ホッパーはそれをずっと胸にしまっていた。そして一七九六年にペンシルベニア奴隷制廃止協会の一員になり、その活動の一環としてフィラデルフィアに住む黒人たちの家を訪れて聞き取り調査をおこない、改めて実態を知った。彼は黒人学校で教育指導の責任者にもなっている。

ホッパーは一九世紀に入ってから、ほんの数人の仲間たちと奴隷を助ける秘密組織のようなものを初めて作った。当時はごく限られた範囲の活動しかできなかったものの、彼らが作り上げたシステムはしだいに広がり、現在知られている地下鉄道のシステムができあがった。

しかしホッパーと仲間たちは奴隷制を擁護する人々から目をつけられ、長年にわたって暗殺や放火や家族への嫌がらせといった危険と隣り合わせで暮らした。奴隷制に反対するキリスト友会の信徒の中にすら人種差別主義者はいたし、そうでなくても政治的な活動そのものに反対の立場をとる者もいた。

## 地下鉄道で使われた隠語や暗号

一八一九年には地下鉄道の活動は確立されつつあり、南部から奴隷を救出するのを助けていた。「地下鉄道」という名前は蒸気機関車が一般化した一八三〇年代以降に登場したようだが、この名前がついた経緯については諸説ある。いちばんよく知られている説はこれだ。一八三一年、ある奴隷がケンタッキー州から逃亡し、オハイオ川を渡った。所有者が彼を追跡していたが、奴隷が川を渡ったところで忽然と姿を消したので、彼は「地下道に入ったにちがいない」と言ったのである。

ほかに、ワシントンDCから来たジムという逃亡奴隷が拷問を受けた末、「はるかボストンまで地下を走る鉄道」があって、それで北へ向かうはずだったことを白状したという逸話が、ワシントンの新聞に一八三九年に掲載されている。

一方で、文学研究者で歴史家でもあるヘンリー・ルイス・ゲイツ・ジュニアは、最初に鉄道にたとえる表現が出てきたのは、一八三九年一〇月一一日付の『リベレイター』紙ではないかと述べている。その論説で、ハイラム・ウィルソンが「共和主義の大鉄道」の実現を求めている。それは「メイソン・ディクソン線からカナダの国境まで延びていて、奴隷制からの逃亡者をこの州へ運びこむ」鉄道だという。また、ゲイツはこうも書いている。「現在の〝地下鉄道〟という言い回しは、一八四二年一〇月一四日の『リベレイター』紙に初めて登場した。奴隷制廃止運動家のチャールズ・T・トーリーが一八四二年に作った言葉だと主張する人々から、この日付は支持されるのではないか。いずれにしてもデイヴィッド・ブライトが述べるように、この言葉は一八四〇年代半ばまで普及しなかった」。

地下鉄道は秘密の活動なので、内部では特殊な用語が使われていた。たとえば奴隷に組織を紹介する人を「仲介人」(エージェント)、奴隷をかくまう隠れ場所を「駅」(ステーション)と呼び、その主《あるじ》は「駅長」(ステーションマスター)と呼ばれた。奴隷という「乗客」(パッセンジャー)または「貨物」(カーゴ)を導く人は「車掌」(コンダクター)である。逃げる道程は「自由線」(リバティ・ライン)だ。

駅長や車掌はしばしば軽い木の板で作った「地下鉄道車両」(UGRRカー)と呼ばれる乗り物や箱で、逃亡奴隷を次の安全な場所へ運んだ。たとえば、中に逃亡奴隷が二人座って御者の椅子の下に足を伸ばして座れるようになっている箱を、荷馬車の後部にはめこみ、市場へ商品を運ぶふりをして逃がす。またある葬儀屋は、棺の中に逃亡奴隷を隠して墓地に埋めに行くふりをして運んだ。逃亡奴隷を箱に入れて貨物として鉄道や船で出荷することもあった。馬車で運ぶとき、隠れている逃亡奴隷に進んだマイル数を伝えるため、馬車にベルを付けた駅長もいた。

図 33　貨物の箱でバージニア州から運ばれた逃亡奴隷。1850 年頃

逃亡奴隷を変装させて、昼間堂々と歩かせることもあった。たとえば、女性の奴隷に清潔な服を着せて白人の赤ん坊を抱かせ、白人女性が付き添って子守に見せかけた例もある。肌の色が明るめの奴隷の顔は真っ黒に塗ることもあったし、肌の色がかなり白い場合はつけ髭やかつらで白人のふりをさせることもあった。

逃亡奴隷は駅で睡眠や食事をとり、場合によっては服や靴を取り替えるなどした。駅で休むときには、その家の納屋や屋根裏部屋など人目につかない場所をあてがわれた。教会が駅として使われていた例もある。通常、徒歩で逃げるのは夜間にかぎられるため、駅と駅の間は一五キロから三〇キロぐらいの距離であることが多かった。

逃亡奴隷が駅で休んでいる間に、新たな奴隷がそちらに向かうという連絡が、秘密の通信手段で次の駅に送られるのだが、その連絡には暗号や隠語が使われた。たとえば、トーマス・ギャレットのメッセージはこうだ。「あなたに黒い羊毛を三梱送りました」。これは、三人の逃亡奴隷をそちらに向かわせた、という意味だ。一八五九年にはアイオワ州のある駅長が「明晩の郵便で黒い装丁の『抑えきれない葛藤』を二巻送ります。熟読後、転送してください」というメッセージを送っている。

情報を伝達するため、こうした文章のほかにも、現在のウエストバージニア州のオハイオ川周辺ではフクロウの鳴き真似が使われた。またドアや窓をノックするときは、申し合わせた特別なたたき方をした。

## 伝説の車掌や駅長

ほとんどの車掌は奴隷を自由州で導くだけだったが、南部に潜入して直接奴隷を救出し、自由の地へ導く者はとくに「誘拐者」(アブダクター)と呼ばれた。どちらかというとタブマンは誘拐者である。ほかにそれを実行していた人物として知られるのが、ジョン・フェアフィールド、チャールズ・T・トーリー、カルヴィン・フェアバンクの三人で、全員白人男性だ。

なかでも奴隷所有者の息子だったジョン・フェアフィールドは、恐いもの知らずの独自の活動で知られる。二八人もの奴隷を葬式の列に見せかけていっぺんに逃がしたこともある。彼は何度か逮捕されたが、二回脱獄した。またトーリーは、全部で四〇〇人近い奴隷を逃がしたと友人への手紙に書いている。

彼は刑務所で亡くなった。

もちろん黒人の車掌も多かった。たとえば鍛冶屋のイライジャ・アンダーソンはオハイオ州の地下鉄道の「総監督」(ジェネラル・スーパーインテンデント)と呼ばれ、一〇〇〇人以上を自由の地に導いたと言われている。彼はケンタッキー州の刑務所で亡くなった。

また、かつて逃亡奴隷だったジョン・メイソンは、一九ヶ月の間に二六五人の奴隷を連れ出したとされている。一度捕まってふたたび奴隷としてニューオリンズに売られたが、また逃亡して奴隷の救出を続けた。その総数は自己申告で一三〇〇人にもなる。ほかに、『アンクル・トムの小屋』のモデルになったと言われているジョサイア・ヘンソンや、ジョン・パーカーといった人も知られている。

彼らとタブマンの最大の違いは、もちろん彼女が女性だったことだ。女性なので体力や移動速度や女性特有の生理などあらゆる点で不利だった。一方で、女性は疑われにくく、うろついても目につきにくいという利点があった。南部のどんな奴隷所有者も、まさか女性が奴隷州に潜入し、先頭に立って奴隷を導くとは想像もできなかっただろう。当時の女性は現代にくらべてずっとしとやかなものとされ、自ら大それた行動を起こすわけがないとみなされていたからだ。しかも彼女は黒人だ。南部の白人は、黒人が抜け目のない複雑な作戦を立てられるほど賢いはずがないと考えていたので、逃亡した場合には必ず裏で白人の誰かが指導していると思いこんでいた。

さらにタブマンが際立っているのは、奴隷を逃がした後で生活の支援までしていたことだ。ここまでやる車掌はほかにいなかった。エドナ・チェニーが書き残した記録によれば、タブマンは危険な逃亡をしながら、よく縫いものをしていたという。昼間森などに隠れている間、小さな布をはぎ合わせるパッチワークをやるのだ。キルトの掛け布団として、逃亡奴隷たちに寒さの厳しいカナダで使ってもらうためである。くわえて一八五〇年の逃亡奴隷取締法が成立した後に実行し、なおかつ一度も捕まらなかったこと、それから自分が奴隷にされていた土地に潜入していたことでも、異彩を放っている。

黒人女性の車掌では、オハイオ州のジェーン・ルイスも知られている。自らも逃亡奴隷だった彼女は、しばしばボートを漕いでオハイオ川を渡り、奴隷を対岸に運んでいた。オハイオ川は奴隷州と自由州の境界線だったため、旧約聖書でモーセの後を継いだヨシュアがイスラエルの民を率いて渡ったというヨルダン川によくたとえられた。

白人女性の車掌がいたという記録もある。ミシガン州の教師ローラ・S・ハヴィランドは、自宅を地下鉄道の駅にしていただけでなく、必要があればカナダまで奴隷を導いていた。何度かは奴隷州のケンタッキーまで潜入して救い出している。夫が子供六人を遺して若いうちに亡くなったが、それでも彼女は逃亡奴隷の支援をやめなかった。南北戦争が始まってからは、南部の解放奴隷たちの支援にあたった。

仲介人（エージェント）でよく知られているのは、メリーランド州ボルティモアの市場で働く二人の女性だ。彼女たちは逃亡奴隷が地下鉄道の協力者に会えるよう仲立ちをしていた。不特定多数の人々でにぎわう市場は、かえって秘密の情報交換をするのにうってつけの場所だったのかもしれない。

駅長として目立つ一人に、リーヴァイ・コフィンがいる。彼は白人のクエーカー教徒で、地下鉄道では「会長」（プレジデント）という愛称で呼ばれていた（イリノイ州のピーター・スチュアートも同じように呼ば

図34　マーガレット・ガーナーが娘を殺した場面。1867年

れていた)。インディアナ州ファウンテン・シティ(当時はニューポート)のレンガ造りの自宅は地下鉄道の三本のルートが重なるところにあったため「グランド・セントラル駅」と呼ばれ、多くの逃亡奴隷が助けを求め、地下室にかくまってもらった。彼はいつでも逃亡奴隷を逃がせるように馬車と馬をつねに用意していたという。彼は一八四七年にシンシナティに引っ越し、そこでも支援を続けた。

コフィンが関わった逃亡奴隷で最も有名なのは、マーガレット・ガーナーかもしれない。一八五六年、彼女は一家でケンタッキー州北部の農園から逃亡し、冬の凍ったオハイオ川を歩いて渡った。そしてシンシナティのいとこの家にかくまってもらった。しかしコフィンは、逃亡奴隷がそこにいるのは危険だから、すぐに郊外の自由黒人の居住区に移動させるよう助言し、夜になったら北へ運べるよう手配をすると約束した。

ところが時すでに遅く、すぐに保安官らが捜しに来た。すると、もうこれまでだと悟ったマーガレットは、奴隷にされるよりはましだからと二歳の娘の首をナイフで切って殺してしまった。続いて他の子供も殺そうとしたが、保安官に取り押さえられた。後年、作家のトニ・モリスンは、この事件を報じた当時の新聞記事を読んで着想を得て、名作『ビラヴド』を書いた。

リーヴァイ・コフィンが奴隷制に反対するようになったのは、奴隷が残酷な仕打ちを受けている様子を目撃した子供の頃からだという。彼が生まれ育ったノースカロライナ州ギルフォード郡で、ヴェスタルといういとこが奴隷の逃亡を助けていたことからも影響を受けている。

オハイオ州リプリー在住のジョン・ランキン牧師もよく知られた駅長だ。彼はオハイオ川沿いの高台に居を構え、地下鉄道の駅にしていた。家が対岸の奴隷州からも見えるため、奴隷が川を渡ってきても安全であることが確認できた夜には、合図として灯りを掲げておいた。きっと逃亡奴隷の目には、希望の光としてさぞ輝いて見えたことだろう。この家に逃げてきた逃亡奴隷の一人は、『アンクル・トムの小屋』のイライザのモデルになった。

もちろんデラウェア州ウィルミントンのトーマス・ギャレットも、駅長として重要な存在だった。彼はハリエット・タブマンから全幅の信頼を得ていた。ウィルミントンの近くのペンシルベニア州チェスター郡ケネットにはクエーカー教徒の集落があり、そこにも献身的な駅長が何人かいて、ギャレットは彼らと連携していた。なかでもメンデンホール夫妻はギャレットの親戚でもあった。ほかにジョン・コックス、アレン・アグニューらがいた。

このように、世に知られている名前の多くが男性なのだが、実際に逃亡奴隷の世話をしたのはおおむね無名の女性たちだったことを付け加えておきたい。駅の住人は夜、ゆっくり寝ていられない。たとえば、オハイオ州マリエッタの駅長デイヴィッド・プットナム・ジュニアの記録には、一八四三年の八月に逃亡奴隷が四回到着したとあるのだが、そのすべてが夜中の一時から二時の間である。眠い目をこすりながら笑顔で迎え、それから食事をさせたり、着替えをさせたり、寝床を用意したり、場合によっては傷の手当てをしたりするのだ。そして一八六〇年代まで、その逃亡奴隷の数は増えていく。

## 無数の逃亡ルート

地下鉄道の逃亡ルートはいくつもあり、ミシガン州からメーン州までの北部諸州のほぼすべてに駅が存在した。南部から北へ向かうルートだけではない。深南部からは、南隣のメキシコやバハマやカリブ海域に逃れることもあった。国内の先住民族が逃亡奴隷を集落にかくまう事例も見られた。

一九世紀末に地下鉄道について調査した歴史家のシーバートは、その結果をまとめた *The Underground Railroad from Slavery to Freedom*（未邦訳）という著書に、主な逃亡ルートを記した地図を掲載している。それを見ると、ルートの本数が目立って多いのはオハイオ州全域、それからタブマンがよく利用していたペンシルベニア州フィラデルフィア周辺地域である。

といっても、実際には北へ向かって計画どおり一直線に逃げられないことも多く、追っ手を混乱させるためにいったん南へ戻ったり、ジグザグに進んだりすることもあった。

船もよく利用されていた。たとえばバージニア州ポーツマスからマサチューセッツ州へ向かう航路や、深南部からフィラデルフィアへ向かう航路、それにミズーリ州やアイオワ州から陸路でイリノイ州シカゴへ向かい、そこから船でカナダに渡るルートなども見られる。ノースカロライナ州ニューバーンの奴隷所有者の息子が奴隷を船に乗せ、フィラデルフィアへ逃がしていたという証言もある。

さらに、「オハイオ川のたくさんの支流とアパラチア山脈の大きな谷が、逃亡を誘うような抜け道をもたらしていることが、地図から明らかにわかる」とシーバートは書いている。アパラチア山脈とそれに接する山々は、険しい道のりだけれども比較的安全なルートなので、長年利用されていた。ジョージア州北部、テネシー州東部、アラバマ州北部の一帯には石灰岩の洞穴が多く、それが逃亡奴隷にとっては好都合だった。また、バージニア州ノーフォーク近辺からフロリダ州の州境にかけて、沿岸地帯に沼沢地がほぼ絶え間なく連なっているのだが、これが北へ向かう逃亡を成功させやすくしていた。

おそらくミシシッピ川が流れている谷が、最も西にあるルートだ。ただし、実際に奴隷の逃亡は、奴隷州と境界を接するすべての地域で発生していたことを覚えておかねばならない、とシーバートは付け加えている。

いちばん気になるのは深南部の奴隷の逃亡だが、残念ながらシーバートの本の地図から深南部は省かれている。あまりにも範囲が広いので、すべての調査は不可能だったのだろう。だが、深南部から逃げる海のルートがあったのは確実だ。一八四四年、ジョナサン・ウォーカーという白人の船長がフロリダ沖で、逃亡奴隷を船に乗せて西インド諸島へ逃がそうとしているところを拘束されたのだ。ウォーカーはさらし台にかけられ、群衆から腐った卵を投げつけられた。さらに、右の手のひらに「S・S」（Slave Stealer）という焼き印を押され、多額の罰金と懲役を科された。後にジョン・グリーンリーフ・ホイッティアという詩人がそれを知り、「焼き印を押された手（The Branded Hand）」という詩を書いて彼の行為をたたえている。

タブマンは主にメリーランド州の奴隷を救出していたので、よく利用したのはメリーランド州とデラウェア州とペンシルベニア州とニューヨーク州の駅だった。シーバートによれば、彼女は山地を歩くルートは使わなかったと言っていたそうだ。

タブマンが生まれ育ったメリーランド州東岸地域の湿地や森は、逃亡奴隷にとって身を隠しやすい場所だった。また、彼女が逃亡前に住んでいたキャロライン郡には、クエーカー教徒が多かった。タブマンの逃亡に手を貸したと思われるハンナ・リヴァートンの家も、キャロライン郡にある。キャロライン郡グリーンズボロでは、一七九〇年代にチョップタンク奴隷制廃止協会がクエーカー教徒を中心に設立され、活動を続けていた。ただし、そういう土地だからこそ、逃がしてやると言って奴隷をだまして連れ去り、深南部に売ろうとする詐欺師も現れたそうだ。

当時キャロライン郡プレストンに住んでいたケリーというクエーカー教徒によれば、ドーチェスター郡ケンブリッジに仲介人（エージェント）が一人いて、彼が知るかぎり、それがこの地域で地下鉄道に協力するクエーカー教徒の南限だったそうだ。そして少なくともフィラデルフィアまでは、そこからクエーカー教徒だけで奴隷を逃がせるほど協力者がいたという。もちろん自由黒人の献身的な協力者もいた。もしかするとケサイアの一家がボートで逃げる前に身を隠したところは、その仲介人の家だったのかもしれない。ケサイアの息子ハークレスの証言によれば、それはある女性の家で、競売がおこなわれたケンブリッジの裁判所から歩いて五分ほどのところにあったという。

## 欠かせない黒人の援助

これらの話はあくまでも白人の視点から見た地下鉄道の歴史である。たとえ組織化されていなくても、奴隷の逃亡を助けていた黒人や先住民族は、最初から一定数いたはずだ。記録があろうとなかろうと、おそらくアメリカで奴隷制が存在した期間はつねにいただろう。

実際、地下鉄道の研究は白人の活動ばかりに焦点をあてているという批判が二〇世紀後半になってから出てきて、ついには奴隷州の中の逃亡はほとんどが奴隷自身の力によるものだという説まで現れた。それは極端かもしれないが、歴史家のフォーナーも述べているとおり、奴隷か自由黒人かを問わず、黒人の共同体の協力がなければほとんどの逃亡は成功しなかったのである。

地下鉄道の活動が始まる前の南部では、自由黒人や奴隷が隠れ場所などを提供することが多かった。その後、黒人の拉致と売却を防ぐための自警団《ヴィジランス・コミッティ》が一八三五年にニューヨークで結成されたのを皮切りに、フィラデルフィアやボストンなど自由州の各地に同様の自警団ができ、連携して奴隷の逃亡を支援した。そこで活動していたメンバーの多くが黒人だった。また、自警団のない僻地にも逃亡奴隷を助ける自由黒人たちがいた。

そういう意味では、地下鉄道は一つの組織というより、多くの地域の小組織や個人を傘下に置いた包括的なものを指している。そして地下鉄道は現在、黒人と白人がともに同じ大義のために働いた舞台だったとみなされている。それはまさに、アメリカで初めて人種を越えておこなわれた公民権運動だったのだ。

彼らの努力にもかかわらず、奴隷制が廃止された後も人種差別はなくならず、とくに南部で黒人の権利は剝奪され続けた。公共施設や乗り物などでジム・クロウと呼ばれる人種隔離政策が実行され、黒人が投票できないように人頭税や識字試験を課されて、事実上黒人から参政権が奪われた。異人種間の結婚も禁じられた。

そして公民権運動が本格化する一九五〇年代半ばまで、目立った変化は起こらなかったのである。命がけで人種差別と闘って晩年を迎えたタブマンは、一九一三年に亡くなるまで、このような世の中の流れをどんな気持ちで眺めていたのだろうか。

# あとがき

そもそもヨーロッパのキリスト教徒が奴隷貿易を正当化する論理とは、次のようなものだった。我々はキリスト教の福音を世界中の人々に説くことが必要であり、奴隷とされる異教徒は洗礼によって魂が救われるうえに文明の啓蒙も受けられる。また旧約聖書「レビ記」に、異邦人なら奴隷にしてもよいと解釈できる内容が書かれていることも根拠とされた。

アメリカの白人もその口実を利用し、自らに都合のいい解釈で奴隷制を用い、キリスト教を黒人に教えこもうとした。ところが第2章でも述べたように、黒人はキリスト教を受け入れはしたが、まったく別の解釈をした。神の前で人間は平等であり、いつか不正は正され、解放されるはずだと考えたのだ。白人は有色人種を抑圧し、一見操っているように見えても、心の中までは支配できなかったのである。

また奴隷たちは、家族や共同体の絆を大切にし、白人の文化や考え方に染まらずに独自の文化や価値観を創造した。親だけでなく共同体がともに子供を育て、教育することによって、その文化や価値観を次世代に伝え、独立性を守った。このようにして、白人支配に粘り強く静かに抵抗したのである。

逃亡も抵抗の手段の一つだ。タブマンは逃亡の英傑の一人だった。といっても彼女の場合、最初のうちは抗議というより、家族愛のほうが動機として勝っていたようである。彼女は絆を何より重んじる人だった。だからこそ信頼できる協力者に恵まれ、命がけの仕事を成功させることができたとも言える。しかしやがて、知識人たちに学んで広い視野を手に入れ、大義を知ることになった。そして家族や仲間を救うためだけでなく、人種差別と闘うためにも働くようになり、しまいには歴史に名を残した。

ただし彼女一人の力でここまでやってのけることは難しかっただろう。彼女の背後には黒人の共同体、地下鉄道という秘密組織、奴隷制廃止論者が集う団体があり、彼女をあらゆるかたちで支援していた。彼女の活躍を可能にしていたのは、人々が結束することで生まれた連帯の力だった。その連帯は、遠く海の向こうでフランスの市民の蜂起が作った波紋からも影響を受けていた。時代も彼女の味方だったのだ。

弱者である奴隷として黒人の共同体の中で育ったタブマンは、団結することの大切さをもともと知っていたはずだが、さらに地下鉄道の車掌として、また奴隷制廃止運動家として活動するなかで、人々が連帯することで生まれる力の強さを改めて目の当たりにした。晩年に女性参政権運動に参加するようになったとき、女性たちに団結を求めたのは、そうした経験をふまえてのことだろう。

世界的にフェミニズム運動がふたたび活発になってきた昨今、性差別と闘ううえで、タブマンやアメリカ黒人が人種差別と闘ってきた軌跡に共通点を見出す人もいるかもしれない。たとえば白人は人種差別の加害者だが、被害者である黒人は、政治経済の中枢を握っている支配層の白人の協力なしに生き延びることはできないし、同じ国に暮らしている以上、白人と同じ枠組みの中であらゆる公共財を共有しなければならない。その事実は同時に、黒人同士の連帯を困難なものにする。ただでさえ集団の数が多ければ立場や考えの違いから足並みをそろえるのは難しいが、そこに格差が生まれればいっそう分断を招きやすい。白人がほんの一握りの有色人種を優遇して言い逃れに利用する場面はいまだによく見かける。

タブマンはそうした連帯の難しさにどのように対処したのだろうか。彼女は連帯しようとしない黒人がいても、糾弾することはしなかった。そして基本的には、加害者である白人に対して恨みを持たなかった。理解ある善意の白人がいることを否定せず、彼らを拒否せずに迎え入れて連帯し、頼る必要があるときは頼った。

何事につけ白黒つけがたいこの世の複雑さに寄り添い、自分がなすべきことを賢く判断して実行したのである。タブマンは強い女だとみなされているけれども、実はその強さは信念や信仰だけでなく、しなやかさから生まれているように思える。

＊

ハリエット・タブマンはアメリカでは多くの歴史教科書で紹介されており、子供を含めてほぼ誰でも知っている有名人だ。各地に「ハリエット・タブマン小学校」が存在するし、中学と高校もある。

実はオバマ政権のとき、タブマンを二〇ドル紙幣の肖像に採用する計画が進んでいた。もし本当に有色人種がドル紙幣の肖像に使われることになれば、それは史上初であり、女性が使われるのは二度目だ（一度目は銀兌換証券に描かれたジョージ・ワシントンの妻マーサで、一〇〇年以上前）。

そもそも紙幣の肖像を変更する計画は、女性の参政権を認めた米国憲法修正第一九条が一九二〇年に批准されてから二〇二〇年で一〇〇周年を迎えることを記念する意図で始まった。まずどの女性を二〇ドル札の肖像にするかを決めるにあたって、選抜された六〇万人以上の国民によって投票がおこなわれた。その結果、エリノア・ルーズベルトやローザ・パークスらをおさえて、ハリエット・タブマンが一位になったのである。

そして二〇一六年四月、ハリエット・タブマンの肖像の二〇ドル紙幣を二〇二〇年に発行することが正式に発表された。一九二八年からこれまで、二〇ドル紙幣にはアンドリュー・ジャクソン元大統領の肖像が使われてきたが、先住民族の大量死を招いたことで知られる彼は、裏面に移されることになった。

新紙幣発行の発表直後、大統領選に立候補していたドナルド・トランプは、これを「ポリティカル・コレクトネス」として、ただちに反対意見を表明している。さらに翌年トランプ政権が誕生すると、二〇一九年五月下旬にムニューシン財務長官が、技術的な問題を理由にタブマンの紙幣の発行を延期すると発表した。

その後、延期に反対する人々の間で、二〇ドル紙幣のアンドリュー・ジャクソンの顔の上にタブマンの顔のスタンプを押し、その紙幣を合法的に使用する抗議活動が流行した。

そして、新紙幣発行の予定に合わせてのことだろうが、タブマンの生涯が映画化され、二〇一九年秋に全米で公開された（*Harriet* レモンズ監督）。日本でも『ハリエット』というタイトルで二〇二〇年三月下旬に公開される予定だ。タブマンを演じたシンシア・エリヴォは、ゴールデングローブ賞とアカデミー賞の主演女優賞と主題歌賞にノミネートされた。この映画の脚本には史実にない創作の部分があって、架空の人物が何人も登場する。たとえばエドワード・ブロデスにギデオンという息子はいない。それでも、タブマンの人物像を非常によくとらえているそうだ。

映画だけではなく、タブマンの人生はこれまでに舞台や小説でもとりあげられてきた。彼女が登場する子供向けの本もかぞえきれないほどあって、そのせいかタブマンのキーホルダーやノートやマグカップやTシャツなど、あらゆる類のタブマン・グッズが売られている。なかには、本当にそう発言したかどうか疑わしい言葉が、彼女の言葉としてプリントされている商品もある。まるでアイドルだ。

また、多くのミュージシャンが彼女へのオマージュを表明したり、彼女をテーマにした曲を発表したりしてきた。黒人三人組による「ハリエット・タブマン」という名前のフュージョン・バンドまで存在する。もちろん絵画や壁画や彫刻にも数多く描かれてきた。タブマンと芸術というテーマだけで、一冊の本ができそうなぐらいである。

アメリカ黒人にとってタブマンは、勇気や希望を思い起こさせる存在であり、自由と解放の象徴でもあるのだ。その自由は、白人のアメリカが掲げる「自由と平等」の自由とは異なっている。

数年前にはメリーランド州にタブマンの史跡公園が整備され、観光所も完成した。実は昔からメリーランド州は人種差別が根強い州の一つだ。二〇世紀の公民権運動の時代、この州の人種間闘争は全国的に有名になるほど激しかった。たとえばドーチェスター郡ケンブリッジは一九七〇年代まで、中心部のレース・ストリートで黒人と白人の居住区域がはっきり分かれていた。一九六七年にはそこで黒人のデモ隊が警官隊と衝突して暴動になり、黒人の小学校が放火され、その際白人ばかりの消防隊が出動しなかったために、周りの多くの建物まで焼け落ちた。

そのような土地に、ハリエット・タブマンを紹介する大きな観光案内所だけでなく史跡公園まででき、州が観光資源にするようになったのは大きな変化だ。タブマンが頭を負傷したバックタウンの雑貨屋もリフォームされ、歴史的建造物として現在でも残っている。

ただしこの地域には、奴隷を所有していた白人農園主たちの子孫の一部も、まだ住み続けている。数年前にドーチェスター郡を訪れたライダーというジャーナリストによれば、彼らは地元にタブマン目当ての観光客が訪れる状況を複雑な思いで見ているそうだ。もしこの周辺を見学に訪れることがあれば、そうした事情も頭に入れておくほうがいいかもしれない。

タブマンゆかりの史跡公園は、ニューヨーク州オーバーンにも整備された。彼女が後半生を過ごした自宅、高齢者のためのホーム、彼女が通った教会がある。また、公園内ではないが、近くにあるフォート・ヒル墓地にはタブマンの墓がある。

＊

タブマンは、存命中からいまのように広く名前が知られていたわけではない。関係者や地元の人々には敬愛されていても、全米に名声がとどろいていたわけではないのだ。彼女が黒人でなおかつ女性という、最も偏見を受けやすい層に属していたからでもあるだろうが、彼女に関する正確な情報がなかなか伝わらず、信用されにくかったことも一因だ。

なにしろ証明できる記録はほとんどない。記録は残されたとしてもすぐに廃棄されてしまったために証拠はほとんどなく、関係者の証言や手紙や客観的事実に頼るしかない。だが、奴隷制がなくなってからも、タブマンは地下鉄道の活動についてエピソードは語るものの、誰が関わっていたかは高齢になるまで口にしなかった。奴隷制が廃止されたからといって、白人の人種差別主義者による嫌がらせやリンチはなくならなかったのだ。活躍していたのはつい一五〇年ほど前なのに、これほど調査が難しい偉人も珍しいのではないか。

ハリエット・タブマンの名前が初めてメディアに登場したのは、第4章に登場するベンジャミン・ドルーが聞き取り調査をして、それをまとめた本が出版された一八五六年である。このときはあくまでも逃亡奴隷の一人として調査に応じただけであり、内容も短い。

彼女が経歴も含めて初めて公に紹介されたのは、一八六三年七月、奴隷制廃止運動家のサンボーンによる記事がボストンの新聞に掲載されたときである。これによってタブマンの英雄としての業績は広く伝わったのだが、まだその人となりやプライベートはほとんど知られていなかった。

続いて一八六八年、サラ・H・ブラッドフォードがタブマンにインタビューをおこない、関係者にも取材をしたうえで伝記を出版した（本には一八六九年刊行とある）。ここには彼女が子供時代をどう過ごしたか、どのように奴隷を導いたか、などが具体的に書かれ、人物像が比較的よく伝わる内容になっている。さらに、この本をよりわかりやすく時系列にまとめ直し、新たな情報を書き加えた改訂版が、一八八六年に出版された（その後、さらに少し手を加えた改訂版が、同じタイトルで二回出版された）。

一八六九年版と一八八六年版で目立つ違いは何かというと、後者では南部白人の残酷さの描写がやや抑えぎみになっていることだ。前者が出たときは南北戦争が終わってからまだ時間がたっていなかったが、後者が出た頃には南部と北部が和解し、一つの国家を再建しようという機運が高まっていたからである。

この一連の伝記には誤りが多く見られると指摘する研究者は多い。たとえばギャレットは靴屋だと書かれているが、実際には金物屋だ。また、タブマンが救出した奴隷の人数は三〇〇人だと記されているのだが、現在、研究者の間では七〇人前後というのが定説になっている。もちろん、たとえ救ったのが一人だったとしても、その危険と難度を考えればじゅうぶんに偉業だ。

諸事情を考えると、内容の不正確さについてブラッドフォードを責めることはできない。そもそもこの伝記は歴史を正確に伝えるためではなく、タブマンの貧窮を救うために、寄付金を集めようと彼女がほぼ頼まれるかたちで書いたものである。しかしタブマンが元奴隷で文盲であることから、白人の中には偏見を持ち、彼女の偉業を疑う者も多かった。そこでブラッドフォードは、できるだけ権威があり社会的信用のある男性たちの証言や手紙の内容を紹介することで裏づけ、信頼性を高めようとしている。これらの伝記は、あくまでも寄付金を払える白人富裕層向けに書かれた本なのだ。まさか後世まで長く読み継がれるとは想像もしていなかったにちがいない。

しかも、かぎられた時間の中で急いで調査をしなければならなかったのだが、いまのように気軽に電話やメールやネットが使えるわけではない。しかもタブマンの語りは、面白くて魅力的ではあっても、あちこちに話が飛んで時系列がわからなくなることが多かったようなのである。その南部独特の方言や言い回しも、障害になった。たとえば、南部の黒人はおじや甥まで兄弟（ブラザー）と呼んでいた。親しいだけでそう呼ぶことすらあるのだ。タブマンも姪のケサイアを姉妹（シスター）と呼んでいた。だから、よくよく訊かなければどのような関係の人かつかめない。それでも、タブマンと直接会って話を聞き、彼女の発言を数多くそのまま記録してある点で、ブラッドフォードの伝記はとても貴重な史料だ。

ブラッドフォードの伝記が出てからは長きにわたり、まとまった伝記は出版されなかった。せいぜい雑誌や新聞の記事でときどきとりあげられた程度だ。ウィルバー・H・シーバートが一八九八年に地下鉄道の調査結果をまとめたとき、その本の中でタブマンのことも紹介しているが、内容はおおむねブラッドフォードによる伝記をもとに簡単に経歴をまとめているだけだ。

やがて、タブマン自身が亡くなったせいもあって、彼女の存在は世間からほとんど忘れられそうになった。そんななか、一九四三年にオーバーン生まれのジャーナリスト、アール・コンラッドがタブマンの親戚など関係者に取材をして伝記を書いた（*Harriet Tubman: Negro Soldier and Abolitionist*「ハリエット・タブマンの半生」山田拓男訳、『部落』所収、一九六〇年）。

以後は今世紀に入るまで、タブマンは子供向けのおとぎ話の主人公みたいな存在でしかなかった。あいかわらず歴史の専門家からは研究対象とされず、無視され続けたのだ。

この状況を、長年の独自の調査と研究によって画期的に変えたのが、ケイト・クリフォード・ラーソンである。二〇〇三年に*Bound for the Promised Land*（未邦訳）という、大部の詳細な伝記を発表した。それに続いてヒュームズ、クリントン、ロウリーらによる伝記が続々と登場し、タブマンは歴史上の重要な研究対象として扱われるようになった。この四人は全員女性である。

日本でも大井浩二氏や栩木玲子氏や岩本裕子氏によって巧みに凝縮されたかたちで経歴が紹介されたほか、歴史家の上杉忍氏による優れた伝記が発表され、さらにクリントン著の伝記が廣瀬典生氏の見事な翻訳で出版されたため、私はおおいに助けられ、頼りにさせていただいた。

こうした研究者たちのおかげで、タブマンの人生の輪郭はかなりはっきりしてきたのだが、それでもまだ細部には多くの謎が残っている。今後もさらに研究が進められ、新たな発見が報告されることを期待している。

本書は、彼ら先達の優れた業績に便乗して書かれたものにすぎない。たゆまぬ努力を続けてこられた研究者の方々に、心から敬意を表したい。

＊

私がこの本を書いたのは、ハリエット・タブマンの長年の大ファンだからだ。アメリカに住んでいた二〇〇五年の春、サンフランシスコの大きな書店でたまたま彼女と目が合ったのが最初の出会いだった。その数日前に『彼らの目は神を見ていた』というテレビドラマを観たので、原作を読もうとゾラ・ニール・ハーストンの著書を探していたら、同じコーナーにたくさん平積みになっている本があった。その表紙の写真の黒人女性が、じっとこちらを見つめていた。まだ出てまもないタブマンの伝記のペーパーバック版だった。

思わず手に取って気軽な気持ちで読み始めたら、驚くべき事実の連続に圧倒された。その強烈な輝きを放つ生涯がまぶしく、読み終えたときにはすっかりミーハーな崇拝者になっていた。そのとき感動したのは車掌としての活動よりもむしろ、彼女の後半生のほうだった気がする。

それからタブマンについて改めて調べてみると、日本ではほとんどまったく紹介されていないことがわかった。これほど魅力的な人物がなぜ見過ごされてきたのか、不思議でならなかった。こういうタイプの女性は日本の歴史の舞台にはほとんど登場しない。そういう意味でも貴重である。だから、いずれなんらかのかたちで紹介したい、と思うようになった。それからは、時間があるときにタブマンに関する本を取り寄せては、少しずつ読み続けていた。

そして数年前、タブマンが二〇ドル札の肖像に採用されることになったと知ったときは、びっくりした。最初はちょっと信じられなかったが、もしそれが事実なら、本当に彼女を紹介できるチャンスかもしれない、と希望を持ち、さほど深く考えもせずに本書の準備を始めた。

こうしてはりきっていたところまではよかったが、この企画自体、恐いもの知らずの無謀な試みだったことが、作業を進めるにつれてわかってきた。いくつかの研究書を改めて読みくらべてみると、事実関係がところどころ互いに異なっている。たとえばタブマンが逃亡した日付については、研究者たちがそれぞれに違う見解を示し、クリントンやヒュームズは明言を避けている。それは仕方のないことで、証拠となる史料が少ないうえ、おおむね人々の証言や手紙の内容であり、人間の記憶にはときとして間違いや思い込みが混じってしまう。私は高くそびえる山のふもとで、頂上を見上げながら途方に暮れた。

それでも、改めてあらゆる文献にあたった結果、タブマン自身の記憶力が優れていることがわかったので、その綱を握りしめてたぐり寄せながら一歩ずつ登ることにした。つまり、基本的にタブマン自身が語った記録が残っていればその内容を最優先で採用することにし、発言から抜け落ちている期間や詳細については、アメリカの研究者たちから高い評価を受けているラーソンの伝記を優先的に参照し、同時に他の伝記も参考にすることにした。もちろんタブマンも人間なので、その証言が一〇〇％正しいとはかぎらない。今後の調査や研究によっては覆される可能性もある。だが現時点では、こうするのが最善という判断だ。

このようにして、昨年の春にようやく書き上がったときには大きな達成感があったが、それから出版してくださる版元を探すのにまた苦労した。新書の編集部を中心に一〇件以上断られ、一度はほとんどあきらめかけた。そんな折、法政大学出版局の郷間雅俊さんに関心を寄せていただいたことで、希望の光が差してきた。結局、その寛大なご英断のおかげで出版が決まったのは年が明けた一月半ばだから、脱稿から九ヶ月近くかかったことになる。

永遠に誰にも読まれずに埋もれそうになっていたこの原稿が、こうして本になって皆さんに読んでいただけるのは、ひとえに郷間さんと、その後編集を担当してくださった赤羽健さんのおかげだ。赤羽さんからは貴重な情報や助言もいただいた。お二人には心から感謝申し上げたい。

＊

研究者でもない私があつかましくもひたすらタブマン目線で書いたこの本は、史料としての価値は低いのかもしれない。でも、これを読んで読者の皆さんが彼女の人柄や人生に興味を持ち、少しでも感動や共感を覚えていただけたなら、とてもうれしい。

本書を書いたことで、タブマンの人生を理解できたなどと言うつもりはない。彼女が誰にも語らなかったことや、言葉で語り得なかった部分にこそ彼女にとっての本当の人生が隠れているにちがいないと思う。その心の内まで理解することは、もう誰にもできない。それでも彼女は遠い存在のように感じられない。彼女がしたことは、最も親しい気持ちをよび起こすようなことだからだ。

こういうプロジェクトに取り組んでいると誰かに話すと、なぜ奴隷制なんかに興味があるのかとときどき聞かれる。しかし極度に厳しい逆境にありながら、それを乗り越えた人間たちの記録に何も学ぶことがないと考えるなら、そのほうが不思議だ。

もし自分がこの時代のアメリカ南部に生まれていたら、どんな選択をしたか想像してみていただきたい。もし南部の白人だったら、法律を犯してまで奴隷を救い出しただろうか。それともお金のために無実の奴隷に鞭を振るい、上司や家族からの承認で自分をごまかしただろうか。北部の白人だったらどうしただろう。あるいは、もしも黒人だったら？　命がけで逃亡しただろうか。それとも日々をなんとかやり過ごして苦役の一生を終えただろうか。その日その日を生き延びるだけでも必死なのに、他の黒人を助ける気持ちの余裕を持てただろうか。こんなふうに考えを巡らせると、現代を生きる私たちにも関係がある話だということが、わかっていただけるだろうか。

タブマンをはじめ地下鉄道の活動をしていた人々は、なぜあらゆる危険を冒して人助けをしたのだろう。その動機を宗教のみに帰すことはしたくない。逃亡奴隷を支援した人々にキリスト教の敬虔な信者が多かったのは確かだが、南部の奴隷所有者たちもまたキリスト教徒だった。弱者が苦しむのを前にして、見て見ぬふりをせず手を差し伸べ、献身的に尽くしたのは、ただ信心深いからというだけでは片づけられない、もっと別の何かがあったからではないかと思えてならない。

かつて地下鉄道という人間の鎖が、自然に発生して広がった事実は忘れられてはならないし、風化を防ぐためにもタブマンと地下鉄道に関する調査と研究が今後もっと進むことを祈りたい。このような人道的ネットワークが過去に存在したことは、人類の希望の記憶として世界で末永く語り継がれるべきではないだろうか。

末筆ながら改めて、本書に関わってくださったすべての方に御礼申し上げます。

令和二年二月二二日

篠森ゆりこ

**篠森ゆりこ（しのもり・ゆりこ）**

翻訳家。主な訳書に、イーユン・リー『千年の祈り』（新潮社）、『さすらう者たち』（河出書房新社）、クリス・アンダーソン『ロングテール』（早川書房）、マリリン・ロビンソン『ハウスキーピング』（河出書房新社）ほか。ハリエット・タブマンの長年のファンでもある。

ハリエット・タブマン

彼女の言葉でたどる生涯

---

2020年4月30日　初版第1刷発行

著者　篠森ゆりこ

発行所　一般財団法人　法政大学出版局

〒102-0071 東京都千代田区富士見2-17-1

電話03（5214）5540 振替00160-6-95814

組版：HUP　印刷：三和印刷　製本：根本製本

装幀：今垣知沙子



---

ISBN978-4-588-36419-8

# 人名索引

## ア行



## カ行

## サ行



## タ行

## ナ行



## ハ行

## マ行



## ラ行

## ワ行

# 参考文献

## 欧文文献


Adams, Samuel Hopkins. *Grandfather Stories*. Random House. 1947.

Allen, Thomas B. *Harriet Tubman, Secret Agent: How Daring Slaves and Free Blacks Spied for the Union During the Civil War*. National Geographic Society. 2006.

*Blackwater National Wildlife Refuge*. U.S. Fish & Wildlife Service. 2013.

Bordewich, Fergus M. *Bound for Canaan : the Epic Story of the Underground Railroad, America's First Civil Rights Movement*. Harper Collins. 2005.

Bradford, Sarah H. *Harriet, the Moses of Her People*. New York: G.R. Lockwood and Son. 1886.

——. *Harriet, the Moses of Her People*. Rev. ed. New York: J.J. Little. 1901.

——. *Scenes in the Life of Harriet Tubman*. Auburn: W.J. Moses. 1869.

Clinton, Catherine. *The Other Civil War: American Women in the Nineteenth Century*. Hill and Wang. 1984.

Coffin, Levi. *Reminiscences of Levi Coffin, the Reputed President of the Underground Railroad*. Cincinnati: Western Tract Society. 1876.

Douglass, Frederick. *Life and Times of Frederick Douglass, Written by Himself.* Boston: De Wolfe & Fiske. 1892.

Drew, Benjamin. *The Refugee: or the Narratives of Fugitive Slaves in Canada*. Boston: J.P. Jewett. 1856.

Foner, Eric. *Gateway to Freedom: The Hidden History of the Underground Railroad*. W.W. Norton. 2015.

Grigg, Jeff W. *The Combahee River Raid: Harriet Tubman & Lowcountry Liberation*. History Press. 2014.

*Harriet Tubman Underground Railroad Byway, Driving Tour Guide*. Dorchester County Visitor Center. n.d.

Horton, Lois E. *Harriet Tubman and the Fight for Freedom: A Brief History with*

*Documents*. Bedford/St. Martin's. 2013.
Humez, Jean M. *Harriet Tubman : The Life and the Life Stories*. University of Wisconsin Press. 2003.
Larson, Kate Clifford. *Bound for the Promised Land: Harriet Tubman, Portrait of an American Hero*. Ballantine Books. 2003.
Long, John Dixon. *Pictures of Slavery in Church and State: Including Personal Reminiscences, Biographical Sketches, Anecdotes, etc. etc.* Philadelphia: T.K. & P.G. Collins. 1857.
Long, Kimberly Bracken. "Methodist Worship on the Delmarva Peninsula, 1800–1850." *Methodist History*, Jan. 2002, pp. 85–98.
Lowry, Beverly. *Harriet Tubman: Imagining a Life.* Doubleday. 2007.
McGowan, James A., and William C. Kashatus. *Harriet Tubman: A Biography*. Greenwood. 2011.
Oertel, Kristen T. *Harriet Tubman: Slavery, the Civil War, and Civil Rights in the 19th Century.* Routledge. 2015.
Sernett, Milton C. *Harriet Tubman: Myth, Memory, and History.* Duke University Press. 2007.
Siebert, Wilbur H. *The Underground Railroad from Slavery to Freedom*. New York: Macmillan. 1898.
Sterling, Dorothy. *We are Your Sisters: Black Women in the Nineteenth Century.* W.W. Norton. 1984.
Still, William. *The Underground Railroad.* Philadelphia: Porter & Coates. 1872.
Taylor, Susie King. *Reminiscences of My Life in Camp with the 33rd United States Colored Troops: Late 1st S. C. Volunteers.* Boston: S.K. Taylor. 1902.

## 邦訳文献

アール、ジョナサン『地図でみるアフリカ系アメリカ人の歴史——大西洋奴隷貿易から20世紀まで』古川哲史・朴珣英訳、明石書店、2011年
岩本裕子『物語　アメリカ黒人女性史（1619–2013）　絶望から希望へ』明石書店、2013年
ウィリアムズ、ヘザー・A『引き裂かれた家族を求めて——アメリカ黒人と奴隷制』樋口映美訳、彩流社、2016年

上杉忍『アメリカ黒人の歴史――奴隷貿易からオバマ大統領まで』中公新書、2013年
上杉忍『ハリエット・タブマン――「モーゼ」と呼ばれた黒人女性』新曜社、2019年
ウェッバー、トーマス・L『奴隷文化の誕生――もうひとつのアメリカ社会史』竹中興慈訳、西川進監訳、新評論、1988年
ウェルズ恵子『黒人霊歌は生きている――歌詞で読むアメリカ』岩波書店、2008年
大井浩二『アメリカのジャンヌ・ダルクたち――南北戦争とジェンダー』英宝社、2005年
キャットン、ブルース『南北戦争記』益田育彦訳、中島順監訳、バベルプレス、2011年
クリントン、キャサリン『自由への道――逃亡奴隷ハリエット・タブマンの生涯』廣瀬典生訳、晃洋書房、2019年
黒﨑真『アメリカ黒人とキリスト教――葛藤の歴史とスピリチュアリティの諸相』神田外語大学出版局、2015年
『口語訳　旧約聖書』日本聖書協会、1955年
『口語訳　新約聖書』日本聖書協会、1954年
ジョーンズ、ジャクリーン『愛と哀――アメリカ黒人女性労働史』風呂本惇子・高見恭子・寺山佳代子訳、學藝書林、1997年
ジン、ハワード『民衆のアメリカ史』富田虎男訳、猿谷要監修、ＴＢＳブリタニカ、1982年
スチュワート、ジェームズ・B『アメリカ黒人解放前史――奴隷制廃止運動（アボリショニズム）』真下剛訳、明石書店、1994年
滝野哲郎『農園主と奴隷のアメリカ』世界思想社、2004年
栩木玲子「ハリエット・タブマン」、『国境を越えるヒューマニズム』所収、法政大学出版局、2013年
バーダマン、ジェームズ・M『アメリカ黒人の歴史』森本豊富訳、ＮＨＫ出版、2011年
ハミルトン、ヴァージニア語り・編『人間だって空を飛べる――アメリカ黒人民話集』金関寿夫訳、福音館文庫、2002年
バーリン、アイラ『アメリカの奴隷制と黒人――五世代にわたる捕囚の歴史』

落合明子・大類久恵・小原豊志訳、明石書店、2007年
ファウスト、ドルー・ギルピン『戦死とアメリカ――南北戦争62万人の死の意味』黒沢眞里子訳、彩流社、2010年
フランクリン、ジョン・ホープ『アメリカ黒人の歴史――奴隷から自由へ』井出義光・木内信敬・猿谷要・中川文雄訳、研究社出版、1978年
本田創造『アメリカ黒人の歴史　新版』岩波新書、1991年
ミンツ、シドニー・W『聞書　アフリカン・アメリカン文化の誕生――カリブ海域黒人の生きるための闘い』藤本和子編訳、岩波書店、2000年
森本あんり『アメリカ・キリスト教史――理念によって建てられた国の軌跡』新教出版社、2006年
ローウィック、G・P『日没から夜明けまで――アメリカ黒人奴隷制の社会史』西川進訳、刀水書房、1986年
ワシントン、B・T『奴隷より立ち上りて』稲澤秀夫訳、中央大学出版部、1978年

ウェブサイト

Domrose, Cathryn. "Civil War and Nursing." *Nurse.com.* 29 Apr. 2011, www.nurse.com/blog/2011/04/29/the-civil-war-and-nursing/
Gates, Henry Louis, Jr. "Who Really Ran the Underground Railroad?" *The African Americans: Many Rivers to Cross.* PBS. n.d. www.pbs.org/wnet/african-americans-many-rivers-to-cross/history/who-really-ran-the-underground-railroad/
"Harriet Tubman's Cape May Connection." *Cape May Magazine.* 1 Nov. 2016. www.capemaymag.com/harriet-tubmans-cape-may-connection/
Kelly, William T. "The Underground Railroad in the Eastern Shore of Maryland and Delaware." *Friends Historical Library.* Swarthmore College. 1898. www.swarthmore.edu/friends-historical-library/underground-railroad-eastern-shore-maryland-and-delaware
*Battle of Olustee.* Olustee Battlefield Citizens Support Organization. battleofolustee.org/
Ryder, Katie. "Dorchester County Browsings." *Harper's Blog.* Harper's Magazine. 14 July 2016. harpers.org/blog/2016/07/dorchester-county/

# 図版出典

図 20　ロバート・グールド・ショー大佐。1863 年（米国議会図書館所蔵）
図 21　ワグナー砦に突撃したときの様子。1890 年頃（米国議会図書館所蔵）
図 22　野戦病院の様子。簡易なテントの下に傷病兵らが寝ており、軍医が立っている。1862 年（米国議会図書館所蔵）
図 23　ソジャーナ・トゥルース。1864 年（米国議会図書館所蔵）
図 24　黒っぽいドレスを着たハリエット・タブマン。1870 年代（米国議会図書館所蔵）
図 25　タブマンの家に同居していた人々。左からタブマン、養女ガーティー、夫ネルソン。右端は盲目の老女。1887 年頃（ニューヨーク公共図書館所蔵）
図 26　ハリエット・タブマン。1887 年頃（オハイオ歴史協会所蔵）
図 27　ハリエット・タブマン。1900 年（ニューヨーク公共図書館所蔵）
図 28　エミリー・ハウランド。撮影年不明（米国議会図書館所蔵）
図 29　上：ハリエット・タブマン・ホーム。1908 年頃。下：ホーム内のジョン・ブラウン・ホール。入所者が収容されていた。1912 年頃（Larson, *Bound for the Promised Land* より）
図 30　ホームに入所した晩年のハリエット・タブマン。1911 年頃（米国議会図書館所蔵）
図 31　ハリエット・タブマンの埋葬のために集まった人々。1913 年(Sernett, *Harriet Tubman: Myth, Memory, and History* より）
図 32　アイザック・T・ホッパーの木版画。1853 年（米国議会図書館所蔵）
図 33　貨物の箱でバージニア州から運ばれた逃亡奴隷。1850 年頃（米国議会図書館所蔵）
図 34　マーガレット・ガーナーが娘を殺した場面。1867 年（米国議会図書館所蔵）